Sandro Wallner

Mit dem Smart Home auch im Alter selbstbestimmt wohnen

Welches Potenzial bieten smarte Assistenzfunktionen im Alltag?

Bibliografische Information der Deutschen Nationalbibliothek:
Die Deutsche Nationalbibliothek verzeichnet diese Publikation in der Deutschen Nationalbibliografie; detaillierte bibliografische Daten sind im Internet über http://dnb.d-nb.de abrufbar.

Impressum:

Copyright © Science Factory 2020

Ein Imprint der GRIN Publishing GmbH, München

Druck und Bindung: Books on Demand GmbH, Norderstedt, Germany

Covergestaltung: GRIN Publishing GmbH

Gleichheitsgrundsatz

Um den Lesefluss nicht durch eine ständige Nennung beider Geschlechter zu stören, wird in dieser Arbeit ausschließlich die männliche Form verwendet. Dies impliziert aber immer auch die weibliche Form.

Danksagung

An dieser Stelle möchte ich meinem Betreuer DI Harald Strommer danken, der mich richtungsweisend und mit viel Engagement während meiner Arbeit begleitet und mit hilfreichen Anregungen, konstruktiver Kritik sowie raschen Rückmeldungen auf meine E-Mails unterstützt hat.

Ebenfalls bedanken möchte ich mich bei FH-Prof. MMag. Dagmar Archan für das Korrekturlesen meiner englischen Kurzfassung.

Kurzfassung

Der Anteil der Bevölkerung über 60 Jahren steigt immer schneller und ein Großteil der pflegebedürftigen Menschen in Österreich wünscht sich eine Betreuung in ihren Eigenheimen. Aufgrund des drohenden Pflegekräftemangels und des fehlenden staatlichen Budgets für Pflegeförderungen, brauchen wir jedoch dringend innovative unterstützende Technologien, um den Ansprüchen unserer älteren Generation an ein würdevolles und selbstbestimmtes Altern gerecht werden zu können. Das Ziel dieser Arbeit ist es, das Potential von Smart Home in Hinblick auf ein umgebungsunterstütztes Wohnen im Alter zu ermitteln und mögliche zukünftige Entwicklungen abzuleiten. Dazu wurden zuerst die aktuellen Anwendungen und deren technologischen Grundlagen erläutert und dann die Potentiale sowie die wesentlichen Gründe für den bislang ausgebliebenen Marktdurchbruch erforscht. Auf dieser Grundlage konnten Rückschlüsse auf mögliche zukünftige Entwicklungen gezogen werden. Die vorliegende Bachelorarbeit unterstreicht, dass smarte Assistenzfunktionen das Potential haben, pflegebedürftigen Menschen ein selbstbestimmtes Wohnen zu ermöglich. Ob und wann das volle Marktpotential ausgeschöpft werden kann, hängt vor allem von den politischen Rahmenbedingungen und der Akzeptanz in der Zielgruppe ab. Die Anbieter müssen die Entwicklung von modularen und erweiterbaren Systemen forcieren, die untereinander auswechselbar und in bereits bestehende Infrastruktur integrierbar sind.

Abstract

The percentage of the population over 60 years of age is increasing steadily and most of the people in Austria who need care would like to receive nursing care in their own homes. Due to the impending shortage of nursing staff and the lack of a federal budget for care subsidies, however, innovative supporting technologies are urgently needed in order to meet the older generation's demands with regard to dignified and self-determined ageing. The aim of this thesis is to identify the potential of Ambient Assisted Living systems and to derive possible future developments. First the current applications and their technological basics were explored and then the potentials, as well as the main reasons for the lack of market breakthrough were researched. Based on this, conclusions could be drawn on possible future developments. Results show that smart assistance functions have the potential to enable people in need of care to live independently. If and when the full market potential can be exploited depends above all on the political framework and the acceptance of the target group. Providers must foster the development of modular and expandable systems that are interchangeable and can be integrated into an existing infrastructure.

Inhaltsverzeichnis

Gleichheitsgrundsatz III

Danksagung IV

Kurzfassung V

Abstract VI

Abbildungsverzeichnis VII

Abkürzungsverzeichnis VIII

1 Einleitung 1

   1.1 Problemstellung 1

   1.2 Forschungsfrage und Zielsetzung 2

   1.3 Aufbau der Arbeit 3

   1.4 Wichtige Begriffe 4

2 Aktuelle Anwendungen 6

   2.1 Roboter 6

   2.2 Präsenzmelder 10

   2.3 Digitale Sprachassistenten 11

   2.4 Die Bedenken – Risiken und Nebenwirkungen 14

3 Identifikationstechnologie 16

   3.1 RFID-Technologie 16

   3.2 NFC-Technologie 24

4 Sensortechnologie 26

   4.1 Präsenzmelder 26

   4.2 Luftfeuchtigkeitssensor 28

5 Sprachverarbeitung **33**

    5.1 Was in einem Sprachsignal steckt 33

    5.2 Technologien der Sprachverarbeitung 34

6 Warum der Marktdurchbruch bisher ausgeblieben ist **40**

    6.1 Anschaffungskosten 40

    6.2 Datenschutz 40

    6.3 Fehlende Akzeptanz bei der älteren Generation 41

7 Ausblick **43**

    7.1 Potentiale 43

    7.2 Mögliche zukünftige Entwicklungen 44

8 Fazit **46**

Literaturverzeichnis **47**

Abbildungsverzeichnis

Abb. 1: Bezugsrahmen der Arbeit 3

Abb. 2: Assistenzroboter Lio mit seinen Funktionen 8

Abb. 3: Essroboter iEAT. 9

Abb. 4: Anzahl der weltweit verfügbaren Alexa-Skills in Abhängigkeit vom betrachteten Zeitpunkt 13

Abb. 5: Komponenten eines RFID-Systems 18

Abb. 6: Energieversorgung durch induktive Kopplung 20

Abb. 7: Energieversorgung durch elektromagnetische Kopplung. 21

Abb. 8: Darstellung der zeitlichen Abläufe beim Vollduplex (FDX)- und Halbduplexverfahren (HDX) 23

Abb. 9: Prinzip des pyroelektrischen Effektes. 27

Abb. 10: Grundlegender Aufbau Pyroelektrischer Sensoren 28

Abb. 11: Prinzipieller Aufbau eines kapazitiven Feuchtesensors. 31

Abb. 12: Die relevanten Einflussgrößen auf das schlussendlich vorhandene Sprachsignal, ... 34

Abb. 13: Neu-Zusammensetzung von Lautelementen bei der Sprachsynthese 36

Abb. 14: Blockdiagramm eines Dialogsystems nach Kompe 38

Abb. 15: Anteil jener, die grundsätzlich nicht für smarte Zusatzdienste zahlen würden (untergliedert in Alterssegmente) 42

Abkürzungsverzeichnis

AAL	Ambient Assisted Living
BVDW	Bundesverband Digitale Wirtschaft
CTS	Concept-to-Speech
DSGVO	Datenschutz-Grundverordnung
FDX	Full Duplex
HDX	Half Duplex
IoT	Internet of Things
IR	Infrarot
IT	Informationstechnik
MIT	Massachusetts Institute of Technology
NFC	Near Field Communication
PIR	Passiv-Infrarot
RFID	Radio Frequency Identification
TTS	Text-to-Speech
UHF	Ultra-High-Frequency
WLAN	Wireless Local Area Network

1 Einleitung

1.1 Problemstellung

Der Anteil der Bevölkerung über 60 Jahren steigt immer schneller. Laut Wolfgang Amann, dem Geschäftsführer des Instituts für Immobilien, Bauen und Wohnen (IIBW), waren in den 1950er-Jahren rund eine Million Menschen älter als 60 Jahre. Bis 2013 hat sich diese Zahl bereits verdoppelt. Herr Amann glaubt, dass es 2038 sogar dreimal so viel sein werden.[1]

Der FORBA Forschungsbericht 1/2017 zeigt, dass in Österreich mehr als 80 Prozent der Pflegebedürftigen in ihren eigenen vier Wänden betreut werden. Umfragen zeigen immer wieder, dass sich die meisten Menschen das auch wünschen. Mit zunehmendem Alter verbringen die Menschen mehr Zeit in ihren Wohnungen. Die Zufriedenheit der Wohnsituation ist für die Bewertung der Lebenssituation von Personen ab 60 Jahren von besonderer Bedeutung.[2] Die Pflege zu Hause erfolgt entweder durch die eigene Familie, mobile Dienste oder im Rahmen der 24-Stunden-Betreuung. In niedrigen Pflegestufen (z.B. Pflegestufe 3) werden die staatlichen Förderungen, ohne innovative unterstützende Technologien, jedoch nicht ausreichen, um die tatsächlichen Kosten für die Pflege und die medizinischen Maßnahmen zu decken.[3]

Neben den Pflegekosten spielt auch der drohende akute Mangel an Pflegekräften in Österreich eine entscheidende Rolle. Und zwar sowohl für jene, die zu Hause gepflegt werden, als auch für jene in Pflegeheimen. Die Nachfrage an Pflegekräften wird aber nicht nur wegen der zunehmenden Lebenserwartung der Menschen steigen, sondern auch aufgrund der Tatsache, dass durch die Alterung der Gesellschaft potenzielle informelle Pflegepersonen in der Angehörigenpflege wegfallen werden.[4]

---

[1] Vgl. Pressberger (2019), Onlinequelle [21.09.2019].
[2] Vgl. Eiffe u.a. (2019), S. 79.
[3] Vgl. Versicherungen.at (2018), Onlinequelle [21.09.2019].
[4] Vgl. ORF.at (2019), Onlinequelle [21.09.2019].

Altersbedingte Einschränkungen, wie z.B. Einbußen der Hör- und Sehfähigkeit, der Beweglichkeit, körperliche Erkrankungen oder geistige Beeinträchtigungen, erfordern jedoch weiterhin eine entsprechende Unterstützung der älteren Menschen, um ihren Ansprüchen an ein angenehmes Wohnumfeld gerecht werden zu können.[5]

1.2 Forschungsfrage und Zielsetzung

Die forschungsleitende Fragestellung dieser Arbeit lautet wie folgt:

Welche innovativen Technologien im Bereich Smart Home gibt es, die ein selbstbestimmtes Wohnen im Alter unterstützen?

Das Ziel dieser Arbeit ist es, das Potential sowie die Vor- und Nachteile von Smart Home in Hinblick auf ein umgebungsunterstütztes Wohnen im Alter zu ermitteln und mögliche zukünftige Entwicklungen abzuleiten.

---

[5] Vgl. Gesundheitsportal (2017), Onlinequelle [21.09.2019].

1.3 Aufbau der Arbeit

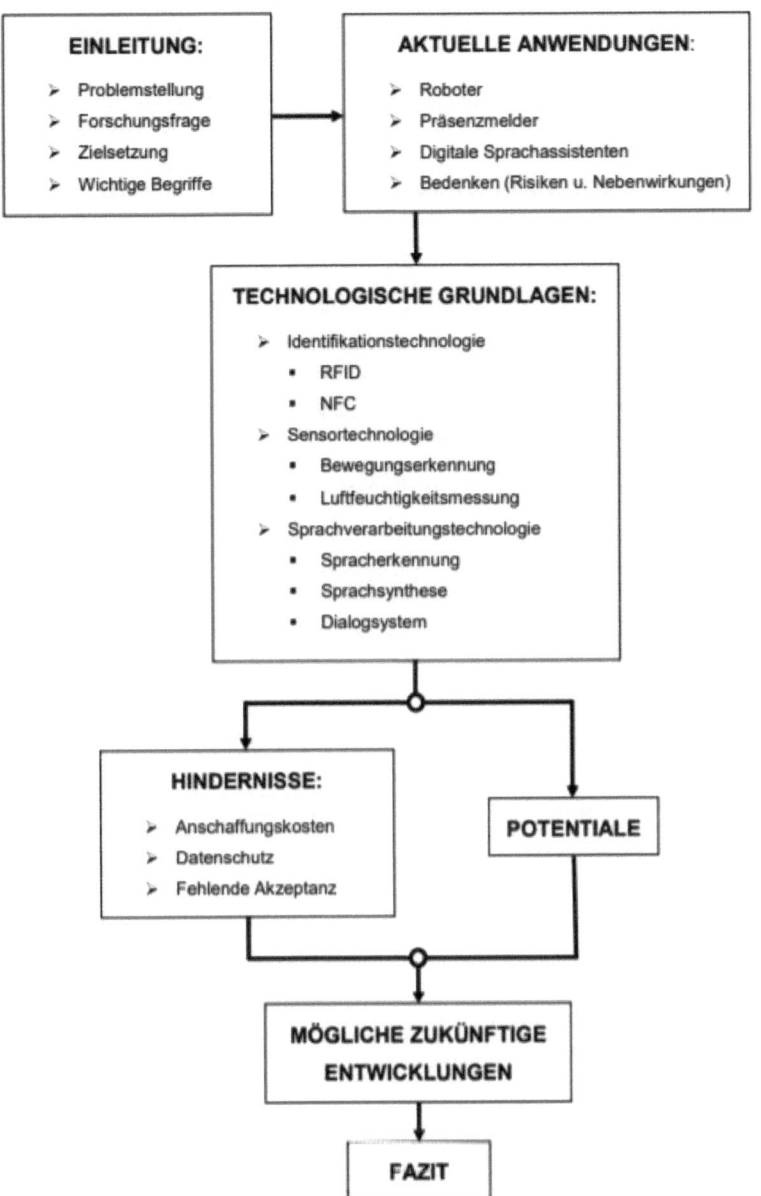

Abb. 1: Bezugsrahmen der Arbeit, Quelle: Eigene Darstellung.

1.4 Wichtige Begriffe

Nachfolgend werden wichtige Begriffe dieser Arbeit näher erläutert. Die vorzeitigen Erkenntnisse über deren Bedeutung und Zusammenhänge sollen einen besseren Lesefluss gewährleisten.

1.4.1 Internet der Dinge (IoT)

Die Ursprünge des Internet der Dinge (Englisch: Internet of Things, Kurzform: IoT) gehen auf das Massachusetts Institute of Technology (MIT) zurück. Das dortige Auto-ID Center arbeitete ab dem Jahr 1999 auf dem Gebiet der vernetzten Radio Frequency Identification (RFID)- und der Sensortechnologie.[6]

Diese entwickelten Identifikations- und Sensortechnologien sind wichtige Grundlagen für den Datenaustausch zwischen Maschinen. IoT ist ein Sammelbegriff für Technologien, die die Kommunikation smarter Geräte untereinander ermöglichen. Die beteiligten Geräte unterhalten sich in der Regel mikroprozessgesteuert über ein digitales Netz.[7]

1.4.2 Smart Home

Ein sehr bekanntes Anwendungsfeld des IoT ist das Smart Home. Damit ist die Vernetzung eines Wohngebäudes gemeint, welche es ermöglicht, vielfältige Funktionen zentral (z.B. über ein Computerprogramm) zu steuern und das Gebäude zu automatisieren. Zu den in ein Smart Home integrierbaren Funktionen zählen beispielsweise die Lichtsteuerung, die Überwachung des Gebäudes über Kameras, die Betätigung einer Alarmanlage, das Öffnen und Schließen von Fenstern bzw. Rollläden und die Heizungsregulierung. Grundsätzlich soll das Leben der Bewohner in einem Smart Home so angenehm und einfach wie möglich gestaltet sein.[8]

---

[6] Vgl. Evans (2011), S. 2.
[7] Vgl. Neumann (2016), Onlinequelle [24.10.2019].
[8] Vgl. Andelfinger/Hänisch (2015), S. 32 f.

1.4.3 Ambient Assisted Living (AAL)

Ambient Assisted Living (Deutsch: umgebungsunterstütztes Leben) ist eine Komponente des Smart Home und bietet insbesondere für ältere Menschen die Chance, möglichst lange in den eigenen vier Wänden wohnen zu können.[9] Dazu kommen altersgerechte Assistenzsysteme zum Einsatz, die den Alltag sicherer und angenehmer gestalten und dabei helfen sollen, auch im fortgeschrittenen Alter ein selbstständiges, selbstbestimmtes und sozial integriertes Leben führen zu können. AAL umfasst mehrere Themenbereiche, u.a. Mobilität, Kommunikation, soziale Interaktion, Netzwerke und Autonomie. Die Möglichkeiten der technischen Umsetzung sind ebenfalls sehr breit gestreut und reichen von einfachen baulichen Maßnahmen bis hin zu komplexen technischen Systemen (z.B. Sturzmeldesysteme). Im Idealfall werden mehrere Maßnahmen miteinander verbunden und an die jeweiligen spezifischen Bedürfnisse und Lebensweisen der betroffenen Personen angepasst. Die Verwendung von AAL- Technologien bietet sich vor allem in jenen Fällen an, in denen stationäre Aufnahmen durch deren Einsatz vermieden werden können.[10]

---

[9] Vgl. Andelfinger/Hänisch (2015), S. 35.
[10] Vgl. Bundesministerium für Arbeit, Soziales, Gesundheit und Konsumentenschutz (2019), Onlinequelle [24.10.2019].

2 Aktuelle Anwendungen

Neben dem barrierefreien Bau oder Umbau von Häusern und Wohnungen können auch IoT-Technologien ein selbstbestimmtes Wohnen im Alter ermöglichen. Eine Sensorik zur Überwachung der Wohnräume bietet zusätzlich zu mehr Sicherheit und einer schnelleren Hilfe im Notfall auch einen entsprechenden Komfort, da sie nicht aktiv bedient werden muss. Für die Entlastung von schweren körperlichen Tätigkeiten der pflegenden Personen spielen Roboter eine immer wichtiger werdende Rolle. In Japan beispielsweise sind bereits Roboter im Einsatz, die Menschen aus dem Bett in den Rollstuhl verlagern können.[11]

2.1 Roboter

Roboter können viele verschiedene Aufgaben übernehmen, die ein selbstbestimmtes Wohnen im Alter unterstützen. Aufgrund des rasanten technologischen Fortschrittes hat sich der mögliche Anwendungsbereich noch einmal deutlich ausgedehnt. Ihre aktuellen Anwendungen sind in Form, Funktion und technologischer Komplexität sehr vielfältig.[12]

Hinsichtlich ihres primären Einsatzzweckes lassen sich Roboter in sozial-interagierende Roboter, Assistenzroboter zur physischen Alltagsunterstützung und mobilitätsunterstützende Roboter einteilen.[13]

2.1.1 Sozial-interagierende Roboter

Sozial interagierende Roboter bilden während der Ausführung von Diensten Verhaltensweisen nach, die an der zwischenmenschlichen Kommunikation orientiert sind. Ein solcher Roboter würde z.B. die zu pflegende Person nicht nur heben und umlagern, sondern auch mitfühlend nachfragen, ob sie nun bequem liegt. Diese zusätzliche Interaktion muss aber nicht unbedingt in natürlicher Sprache erfolgen. Manchmal macht es durchaus Sinn, wenn dies ausschließlich über soziale und emotionale Hinweise geschieht, indem die Roboter beispielsweise auf Berührungen und Geräusche der Nutzer reagieren.[14]

---

[11] Vgl. Andelfinger/Hänisch (2015), S. 50 ff.
[12] Vgl. Kehl (2018), S. 59 f.
[13] Vgl. Kehl (2018), S. 13 f.
[14] Vgl. Bendel (2018), S. 65.

Ein bekanntes Anwendungsbeispiel ist die Kuschelrobbe Paro, die nun schon seit mehreren Jahren in der Betreuung von Demenzpatienten eingesetzt wird. Paro verkörpert eine junge Sattelrobbe, die die depressive Stimmung der Patienten aufhellen, oder überhaupt erst einen Zugang zu ihnen aufbauen soll. Unter dem Fell sind Sensoren eingebaut, die sowohl Helligkeit und Geräusche als auch Berührungen erkennen und die Kuschelrobbe dann passend darauf reagieren lassen. Wird sie angesprochen, dann antwortet sie mit Bewegungen und Tönen. Wird Paro gekrault, dann gibt sie ein wohliges Brummen von sich und bei Schlägen antwortet sie mit Protest. Ein solch sozial interagierender Roboter als Kuscheltier fördert in der Mehrzahl der Anwendungsfälle das Wohlbefinden der Patienten und erzeugt bei ihnen einen Kuscheleffekt. Professionelle Pfleger können diese persönliche Zuneigung nicht bieten, da sie zeitlich sehr eingeschränkt sind und bei Bedarf auf ruhigstellende Medikamente zurückgreifen müssen.[15]

2.1.2 Assistenzroboter

Bei Assistenzrobotern, welche physische Alltagsunterstützung bieten, werden typischerweise Navigationsfähigkeiten mit anspruchsvollen Manipulationstätigkeiten kombiniert. Besonders im Fokus stehen hier multifunktionale Haushaltsassistenten, die die älteren Menschen bei unterschiedlichen Aufgaben flexibel unterstützen können.[16]

Seit 8. Juli 2019 wird in einem Pflegeheim in Berlin der mobile Assistenzroboter Lio eingesetzt.[17] Lio besitzt einen funktionalen Arm, kann mit Menschen kommunizieren und Pflegepersonen bei ihren Aufgaben unterstützen. Er eignet sich sowohl für den Einsatz in Pflegeheimen als auch für zu Hause. Der persönliche Assistenzroboter kann u.a. Gegenstände aufheben, Türen und Schränke öffnen, mit Personen sprechen, unterhalten, informieren, Berührungen wahrnehmen und darauf reagieren, zu Bewegungsübungen anleiten und motivieren, an bevorstehende Termine erinnern und regelmäßig Getränke anbieten. Er ist außerdem sehr bedienerfreundlich und kann mit verschiedenen Geräten verbunden werden (z.B. smarten Geräten und Wearables).[18]

---

[15] Vgl. Jehle (2014), Onlinequelle [24.09.2019].
[16] Vgl. Kehl (2018), S. 13.
[17] Vgl. Möller (2019), Onlinequelle [24.09.2019].
[18] Vgl. F&P PersonalRobotics (2017), Onlinequelle [24.09.2019].

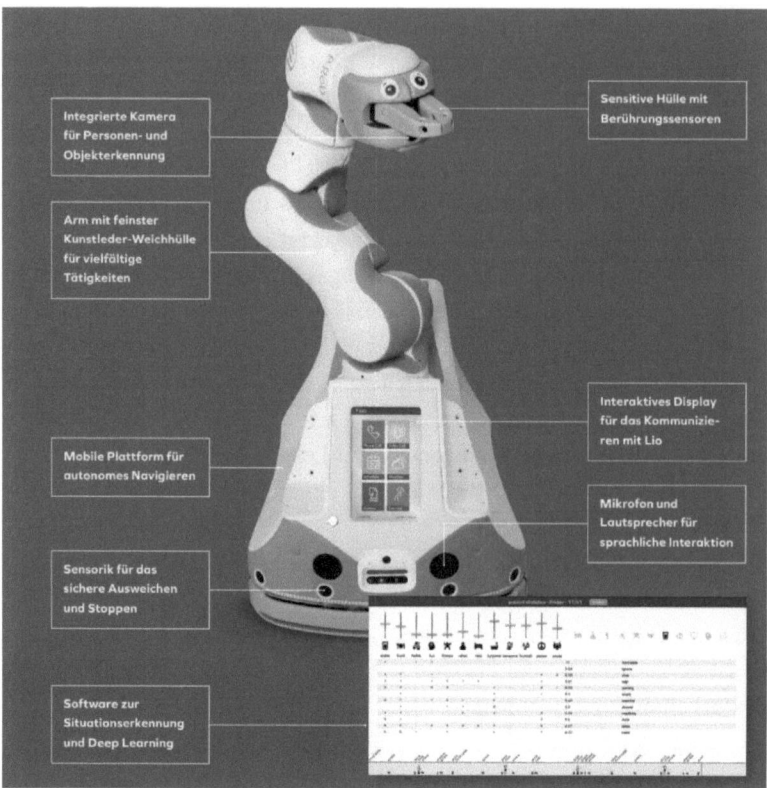

Abb. 2: Assistenzroboter Lio mit seinen Funktionen, Quelle: F&P PersonalRobotics (2017), Onlinequelle [24.09.2019].

Der Essroboter iEAT ist eine Esshilfe für Menschen mit Bewegungsstörungen, Koordinationsschwierig- keiten und verminderter Muskelkraft. Bei Menschen mit Bewegungsstörungen sorgt ein Dämpfungs-mechanismus dafür, dass unkontrollierte Bewegungen im Arm und/oder in der Hand aufgefangen werden. In dieser Ausführung bietet der Essarm Widerstand, sodass die betroffene Person die Essbewegung kontrolliert durchführen kann. Bei Menschen mit verminderter Muskelkraft und Koordinationsschwierigkeiten geht kaum Widerstand vom Essarm aus und die Zielgruppe benötigt deutlich weniger Kraftaufwand.

Die Bewegung des Essarmes wird vom iEAT Roboter in einem halb- oder vollautomatischen Modus ausgeführt und die Tellerdrehung erfolgt automatisch. Damit können auch Personen mit beschränkten Bewegungsressourcen selbstständig Nahrung zu sich nehmen.[19]

Abb. 3: Essroboter iEAT, Quelle: Institut der deutschen Wirtschaft Köln (2019), Onlinequelle [25.09.2019].

2.1.3 Mobilitätsunterstützende Roboter

Erkrankungen, altersbedingte Gehschwierigkeiten und Koordinationsstörungen schränken die Mobilität älterer Menschen massiv ein und behindern somit ihre Selbstständigkeit im Alltag. Vielversprechende Lösungskonzepte zu diesem Problem bieten Ergänzungen herkömmlicher Gehhilfen (Rollatoren, Rollstühle) durch autonome Funktionen. Autonome Gehhilfen und intelligente Rollstühle haben trotz aussichtsreicher Marktchancen den kommerziellen Durchbruch noch nicht geschafft. Einige robotische Exoskelette sind zwar bereits im Handel erhältlich, jedoch ohne einen bemerkenswerten Markterfolg verzeichnen zu können. Gründe dafür sind die hohen Anschaffungskosten (ca. 20.000 – 100.000 Euro, je nach Hersteller und Modell), eine begrenzte Batteriekapazität und das

---

[19] Vgl. Institut der deutschen Wirtschaft Köln (2019), Onlinequelle [25.09.2019].

hohe Gewicht (bis zu 40kg), welches ein selbstständiges An- und Ablegen des Exoskelettes für pflegebedürftige Menschen praktisch unmöglich macht.[20] Der ReWalk von ReWalk Robotics ist ein robotisches Exoskelett, welches im Handel erhältlich und in Europa zugelassen ist.[21] Dabei handelt es sich um ein akkubetriebenes System mit Motoren an den Hüft- und Kniegelenken. Über geringfügige Verlagerungen des Körperschwerpunktes können die Bewegungen des ReWalk kontrolliert werden. Eine Vorwärtsbeugung des Oberkörpers wird vom System wahrgenommen und löst dann den ersten Schritt aus. Wiederholte Verlagerungen des Körpergewichts führen dann zu einer Reihe von Schritten, die den normalen Bewegungsablauf der Beine nachahmen.[22]

2.2 Präsenzmelder

Präsenzmelder aktivieren bei der Registrierung von Bewegung einen Mechanismus (z.B. das Einschalten von Licht). Sie reagieren auf die kleinsten Bewegungen und messen gleichzeitig permanent die Helligkeit im Raum. Dadurch können Präsenzmelder beispielsweise das Licht ausschalten, wenn sich niemand mehr im Raum befindet oder genügend Helligkeit vorhanden ist (z.B. durch eintretende Mittagssonne). Ein bewegungsabhängiges Steuern von Heizungen und Klimaanlagen ist ebenfalls möglich.[23]

Der Unterschied zwischen Bewegungsmeldern und Präsenzmeldern liegt in der Empfindlichkeit der Sensoren. Präsenzmelder sind viel feiner und hochauflösender. Während Bewegungsmelder nur auf deutliche Bewegungsänderungen reagieren, schalten gute Präsenzmelder bereits bei kleinsten Bewegungen. Ein dauerhaftes Auslösen des Sensors bei einer Person, die still sitzt und nur kleine Armbewegungen durchführt, kann demzufolge nur mit einem Präsenzmelder gewährleistet werden.[24]

Bei Präsenzmeldern von Gira kann zusätzlich zur automatischen Beleuchtung auch eine Sicherheitsfunktion hinzugeschalten werden. Ist diese aktiv und wird in der Wohnung über einen längeren Zeitraum (z.B. tagsüber bei Anwesenheit) keine

---

[20] Vgl. Kehl (2018), S. 79 ff.
[21] Vgl. Kehl (2018), S. 84 f.
[22] Vgl. ReWalk Robotics (2019), Onlinequelle [25.09.2019].
[23] Vgl. Stagl (2019), Onlinequelle [30.09.2019].
[24] Vgl. Albrecht Elektrotechnik und -Anlagen GmbH (2019), Onlinequelle [05.10.2019].

Bewegung registriert, dann wird automatisch eine Kontaktperson via SMS darüber benachrichtigt. Diese checkt telefonisch oder durch Hinfahren, ob noch alles in Ordnung ist.[25]

Präsenzmelder können durch eine Koppelung mit modernen Geräten in das Smart Home eingebunden werden. Dadurch wird es möglich, verschiedene Szenarien zu programmieren oder intelligente Geräteprozesse mittels Sensoren zu schalten. Bei Präsenzerfassung im Raum kann beispielsweise neben dem Dimmen des Lichtes auch gleichzeitig und automatisch die Erhöhung der Zimmertemperatur und das Abspielen einer gewünschten Musik erfolgen. Verlässt die Person den Raum, wird der Prozess nach einer Weile automatisch wieder zurückgesetzt.[26]

2.3 Digitale Sprachassistenten

Digitale Sprachassistenten gehören zu den größten Smart Home Trends und können aufgrund ihrer einfachen Bedienung immer mehr Menschen für sich begeistern. Sprachgesteuerte Systeme und Komponenten unterstützen uns im Alltag und können für Unterhaltung sorgen. Bei digitalen Sprachassistenten handelt es sich um eine Software, die gesprochene Worte analysiert, in den richtigen Kontext einordnet und darauf reagiert. Sie sind meist in Smartphones oder Smart Speaker integriert. Über diese können sie verbal Fragen beantworten und vernetzte smarte Geräte ansteuern. Viele Aufgaben, die uns lästig sind, können so auf Zuruf von den vernetzten Geräten übernommen werden: Rasen mähen, Staubsaugen, Waschmaschine einschalten, Kaffee kochen, Autobatterie laden etc. Sogar ein elektrisches Türschloss kann mittels Sprachassistenten abgeschlossen werden.[27]

Seit der Markteinführung der Amazon-Sprachassistentin Alexa (bzw. der damit verbundenen Endgerätereihe Echo) im Jahre 2015 ist das Verbraucherbewusstsein für Amazon Echo signifikant gestiegen.

---

[25] Vgl. G-Pulse (2019), Onlinequelle [30.09.2019].
[26] Vgl. Albrecht Elektrotechnik und -Anlagen GmbH (2019), Onlinequelle [05.10.2019].
[27] Vgl. Wendel (2019), Onlinequelle [06.10.2019].

Die eigene Handelsplattform als starker Vertriebskanal kam Amazon dabei sehr zugute. Ende 2017 stammten rund 75% aller weltweit verkauften Heim-Sprachassistenten von Amazon. Den Rest des Marktes teilten sich u.a. Google Home, Microsoft Cortana und Apple HomePod untereinander auf.[28]

2.3.1 Alexa

Alexa ist eine Sprachassistentin von Amazon, die Kunden auf unterschiedliche Art und Weise unterstützen kann. Sie kann sich Sachen merken, an dringend zu erledigende Aufgaben erinnern, Informationen einholen, für Unterhaltung sorgen und kompatible Geräte steuern. Letztere Funktion ist auch der Türöffner für das Smart Home. Die künstliche Intelligenz Alexa ist nicht im Lautsprecher verbaut oder gespeichert, sondern befindet sich in der Amazon Cloud. Dort steigt mit der wachsenden Community auch ständig das Wissen des Systems. Alexa ist sozusagen ein Gehirn in der Cloud. Die in den Geräten verbauten Lautsprecher fungieren sinngemäß als Münder und Ohren. Sie dienen zur Aufnahme von Fragen und Anweisungen sowie der Wiedergabe von Antworten. Gleichzeitig sind die intelligenten Lautsprecher das Bindeglied zwischen Alexa und Alexa-kompatiblen Geräten. Der Informationsaustausch zwischen ihnen erfolgt über WLAN oder Bluetooth. Installation und individuelle Anpassung der Programme können über eine App am Smartphone, Tablet oder PC vorgenommen werden. Mit der App können alle angebundenen Geräte im Smart Home gemanagt werden und in Abläufe und Zeitpläne eingesehen werden, die jederzeit einfach und schnell geändert werden können.[29]

Die verfügbaren Amazon Alexa Anwendungen haben sich in den letzten Jahren rasant vermehrt. Im Jänner 2016 gab es weltweit erst 130 davon, im Dezember 2018 bereits 80.000. Diese sogenannten „Skills" sind das Pendant zur App, werden in der Regel von Drittanbietern programmiert (z.B. von Herstellern vernetzter Heimgeräte) und dann von Amazon in ihren Katalog aufgenommen.[30]

---

[28] Vgl. Bundesverband Digitale Wirtschaft (2019), S. 4.
[29] Vgl. Wulf (2018), Onlinequelle [06.10.2019].
[30] Vgl. Bundesverband Digitale Wirtschaft (2019), S. 6 f.

Aktuelle Anwendungen

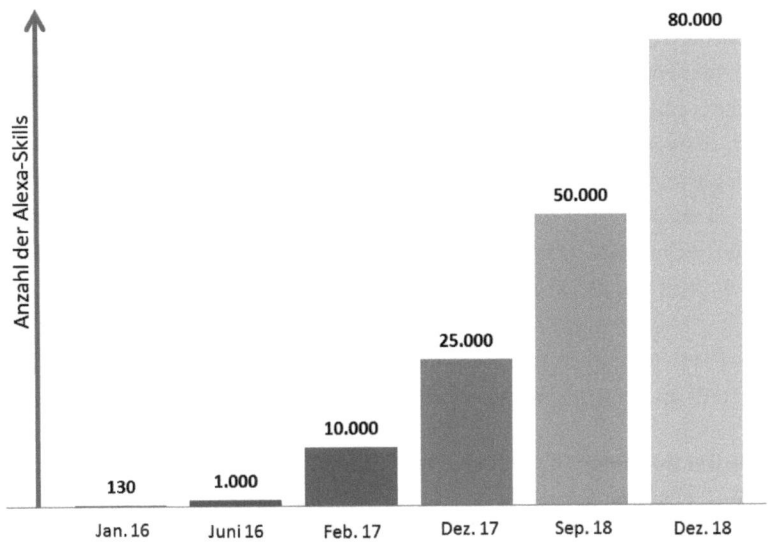

Abb. 4: Anzahl der weltweit verfügbaren Alexa-Skills in Abhängigkeit vom betrachteten Zeitpunkt, Quelle: Bundesverband Digitale Wirtschaft (2019), S. 7 (leicht modifiziert).

2.3.2 Siri

Siri ist eine Sprachassistentin von Apple, die ursprünglich dafür gedacht war, ihren Nutzern kleine Aufgaben, wie zum Beispiel das Erinnern an Termine, das Ansagen des Wetters oder Recherchen nach Informationen zu Restaurants in der Nähe, abzunehmen. Mittlerweile ist die digitale Sprachassistentin auch fähig, die Steuerung eines Smart Homes zu managen. Dies ist allerdings nur für Produkte möglich, die mit dem Apple HomeKit kompatibel sind. Dabei handelt es sich um Geräte mit einem Apple-eigenen Programmiergerüst, bei denen die Hardware von anderen Herstellern bereitgestellt wird. Gesteuert werden dieser Geräte mit einem Apple Smartphone. Die steuerbaren smarten Komponenten sind die für ein Smart Home typischen Produkte: Lampen, Thermostate, Überwachungskameras, Bewegungsmelder, Smart Locks und vieles mehr.[31]

---

[31] Vgl. Wendel (2017), Onlinequelle [09.10.2019].

2.3.3 Cortana

Cortana ist eine Sprachassistentin von Microsoft, deren Software für die Betriebssysteme Windows Phone 8.1, Windows 10 und Android verfügbar ist. Neben nützlichen Funktionen am PC, Laptop oder Smartphone (u.a. eine Sprachsteuerung zum Diktieren von Nachrichten) plant Microsoft eine Vernetzung von Cortana mit möglichst vielen smarten Komponenten, und zwar über Windows 10. Momentan sind die Fähigkeiten der digitalen Sprachassistentin in Bezug auf Smart Home jedoch sehr begrenzt und entsprechende Anwendungen haben sich noch nicht am Markt etablieren können. Die Tatsache, dass bereits viele Geräte über ein Windows 10 Betriebssystem mit vorinstallierter Cortana Sprachsteuerung verfügen, deutet jedoch auf eine wirtschaftlich erfolgreiche Zukunft im Bereich von Smart Home hin.[32]

2.4 Die Bedenken – Risiken und Nebenwirkungen

Jede Medaille hat zwei Seiten, so auch jene des IoT. Neben all den großartigen Möglichkeiten, die sich dank des Internets in den letzten Jahren und Jahrzehnten ergeben haben, lauern auch Gefahren, die nicht außer Acht gelassen werden dürfen. Die Politik ist gefordert, entsprechende Rahmenbedingungen zu schaffen, um Wirtschaft, Technik und Ethik miteinander in Einklang zu bringen.

Aufgrund der stark vernetzten Welt ergeben sich einige Risiken und Nebenwirkungen. Andelfinger/Hänisch beschreiben u.a. folgende:[33]

2.4.1 Verlust von typisch menschlichen Fähigkeiten

Das Internet hat es uns ermöglicht, rund um den Globus auf Informationen zuzugreifen und diese fast an jedem Ort und zu jeder Zeit zu nutzen. Wir können mittlerweile das gesamte Wissen der Welt mit dem Smartphone abrufen. Dieser völlig veränderte Umgang mit Wissen hat jedoch auch deutliche Verhaltensänderungen der Menschen zur Folge. Wer sehr schnell und einfach alles Wissenswerte googelt, bei dem droht die Gefahr, dass die typisch menschlichen Fähigkeiten des Denkens und miteinander in Beziehung setzen verloren gehen. Bei IoT geht dies sogar noch einen Schritt weiter, indem die Menschen in vielen Fällen bei der Informationsbeschaffung nicht einmal mehr selbst aktiv sein müssen, da

---

[32] Vgl. Wendel (2019), Onlinequelle [10.10.2019].
[33] Vgl. Andelfinger/Hänisch (2015), S. 23 ff.

sich die Maschinen untereinander austauschen. Die Daten werden von Sensoren geliefert, von Computern ausgewertet und zu neuen Informationen zusammengestellt. Die Maschinen treffen dann die Entscheidungen und der Mensch nimmt einfach nur noch zur Kenntnis, handelt fremdgesteuert und gibt alle Verantwortung ab.

2.4.2 IT-Sicherheitsrisiken

Bei IoT-Anwendungen dürfen natürlich auch die IT-Sicherheitsrisiken nicht unberücksichtigt bleiben. Gerade aufgrund der Enthüllungen rund um die Aktivitäten unterschiedlicher Geheimdienste und der Gefahr durch Hacker, müssen sich die Nutzer darüber bewusst sein, dass IoT eine erhebliche Verletzlichkeit mit sich bringt. So besteht z.B. die Gefahr, dass Hacker virtuell in ein Smart Home eindringen, die Steuerung des Gebäudes übernehmen und Sabotage betreiben oder Sicherheitseinrichtungen außer Kraft setzen. In manchen Fällen sind Angriffe sogar so einfach auszuführen, dass dies auch für Laien möglich ist. So konnte beispielsweise eine Journalistin 2013 in einem Versuch während einer Sicherheitskonferenz in Las Vegas acht Häuser ausfindig machen, die mit Smart Home Technik ausgerüstet waren und Daten über die Bewohner abgreifen.

Privatanwender sollten nach einer gewissen Zeit Updates durchführen, um Sicherheitslücken zu reparieren. Viele scheuen jedoch die Mühe, ihre Software regelmäßig zu aktualisieren oder ihnen ist es einfach nicht bewusst, wie wichtig dies allein schon aus Sicherheitsgründen ist. Hersteller großer Betriebssysteme (Windows, macOS, Android, Ubuntu etc.) haben daher automatische Updatefunktionen implementiert.

Im Falle eines Komplettausfalls von Internet-Technologien bestehen Sicherheitsrisiken für ganze Staaten oder Regionen. Natürlich gibt es auch für solche Fälle Vorkehrungen und es wäre falsch, aus diesen und den zuvor erwähnten Gründen auf die vielen Vorteile des IoT zu verzichten. Wer sich dafür entscheidet, der wird auf sehr viele Dienstleistungen verzichten müssen. Vielmehr sollte sich jeder Einzelne der Gefahren, die diese Technologie mit sich bringt, bewusst sein, sich ausreichend informieren und den bestmöglichen Schutz vorsehen.

3 Identifikationstechnologie

Wie bereits in Kapitel 1.4.1 erwähnt, gehen die Ursprünge des IoT auf das Jahr 1999 zurück. Ab diesem Zeitpunkt arbeitete eine Forschergruppe des Massachusetts Institute of Technology (MIT) auf dem Gebiet der vernetzten Identifikations- und Sensortechnologie. Diese beiden Technologien sind wichtige Grundlagen für die Kommunikation smarter Geräte untereinander und werden daher in Kapitel 3 und 4 genauer behandelt.[34]

3.1 RFID-Technologie

Die öffentliche Thematisierung der Radiofrequenz-Identifikation (RFID)-Transpondertechnik durch das Auto-ID Center des MIT ab 1999 haben zu einer steigenden Beachtung und als Folge darauf zu einer zunehmenden Erweiterung des Anwendungsfeldes dieser Technologie geführt. RFID ist eine automatische Identifikationstechnologie. Die Information (typischerweise eine Seriennummer) wird auf einem Transponder gespeichert. Dieser Transponder besitzt einen Mikrochip und dient als elektronischer Datenspeicher. Die Information kann mittels drahtloser Kommunikation von einem Lesegerät ausgelesen werden. Rein theoretisch sind Reichweiten bis zu 1 km (abhängig vom genutzten Frequenzband) möglich. Bei großen Reichweiten steigt allerdings auch die Anzahl der möglichen Störfaktoren. Umwelteinflüsse wie z.B. Wasser oder Metall müssen beseitigt werden, da sie ansonsten die Kommunikation verhindern oder abfälschen. Auf die praktisch erzielbare Reichweite wird später, in Kapitel 3.1.2.2, noch genauer eingegangen. RFID ermöglicht eine vollautomatische und gleichzeitige Erkennung mehrerer RFID-Transponder. Dabei muss keine Sichtverbindung zwischen Lesegerät und RFID-Transponder gegeben sein. Dadurch können die Transponder in Objekte eingebettet werden und der Einsatz unter extremen Bedingungen (z.B. Schmutz oder Hitze) ist ebenfalls möglich. Bei RFID-Transpondern mit Datenspeicher können darüber hinaus die Informationen auch während des Einsatzes verändert werden.[35]

Das Ziel der folgenden Unterkapitel ist es, einen Überblick über die RFID-Technik zu liefern und die Funktionsweisen der verschiedenen RFID-Systeme aufzuzeigen.

---

[34] Vgl. Kapitel 1.4.1.
[35] Vgl. Fleisch/Mattern (2005), S. 69 f; RFID -Grundlagen.de (2019a), Onlinequelle [27.10.2019].

3.1.1 Komponenten eines RFID-Systems

Ein typisches RFID-System besteht aus drei Komponenten:[36]

- Lesegerät
- RFID-Transponder
- Rechner

Das Lesegerät beinhaltet typischerweise ein Hochfrequenzmodul (Sender und Empfänger), eine Kontrolleinheit und eine Kopplungseinheit (Antenne) zum Transponder. Je nach Ausführung und eingesetzter Technologie ist es als reines Lesegerät oder als Schreib-/Lesegerät erhältlich. Viele Lesegeräte sind mit zusätzlichen Schnittstellen (USB, LAN, RS 232 etc.) ausgestattet, um die erhaltenen Daten an einen Rechner weiterzuleiten.

Die Anwendungssoftware am Rechner kommuniziert mit dem Lesegerät. Sie schickt Kommandos und Daten an das Lesegerät und erhält als Antwort Daten von diesem zurück. Typische Kommandos sind beispielsweise das Beschreiben von RFID-Transpondern mit Daten oder das Auslesen von Identifikationsnummern der RFID-Transponder. Das Lesegerät kodiert die von der Applikation ausgesandten Befehle und Daten und moduliert sie auf ein magnetisches bzw. elektromagnetisches Wechselfeld. Alle im Lesebereich befindlichen RFID-Transponder empfangen diese und schicken ihre jeweiligen Antwortdaten an das Lesegerät zurück.[37]

---

[36] Vgl. Vgl. Finkenzeller (2015), S. 11.
[37] Vgl. Fleisch/Mattern (2005), S. 70.

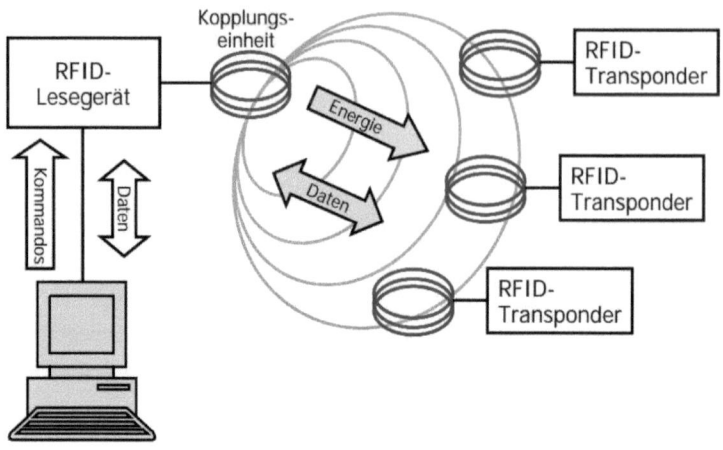

Abb. 5: Komponenten eines RFID-Systems, Quelle: Fleisch/Mattern (2005), S. 71.

Der eigentliche Datenträger eines RFID-Systems ist der Transponder. Der Begriff "Transponder" ist ein Kunstwort und wurde aus "transmit" (= übertragen) und „"response" (= Antwort) geschaffen. Die Bezeichnung ist äußerst treffend gewählt, da diese Bauteile auf Anfrage per Funk ihre gespeicherten Informationen zurückfunken. Ein Transponder besteht grundsätzlich aus einer Kopplungseinheit, einem Kondensator und einem elektronischen Mikrochip, der als Speicher dient. Der Kondensator dient zur vorübergehenden Energiespeicherung und ist häufig in den Mikrochip integriert. In den meisten Fällen besitzen die Transponder keine eigene Spannungsversorgung (Batterie) und bekommen die zum Betrieb benötigte Energie, ebenso wie Takt und Daten, kontaktlos durch die Kopplungseinheit übertragen. Die Kopplungseinheit ist eine Antenne, die in Form einer Spule oder eines Dipols in einen Träger eingebettet ist. Wenn sich der Träger in einem elektromagnetischen Feld befindet, dann wird dem Mikrochip Strom induziert. Dies wiederum führt dazu, dass die integrierte Elektronik aktiv wird und antwortet. Der Transponder kann nur innerhalb des Ansprechbereiches vom Lesegerät aktiviert werden, außerhalb verhält er sich vollkommen passiv.[38]

---

[38] Vgl. Finkenzeller (2015), S. 11 f; RFID -Grundlagen.de (2019b), Onlinequelle [27.10.2019].

3.1.2 Funktionsweise

Zur Beschreibung der Funktionsweise eines RFID-Systems wird in dieser Arbeit eine Klassifizierung in die folgenden grundlegenden technischen Eigenschaften vorgenommen:

- Energieversorgung und Speicherstruktur der RFID-Transponder
- Sendefrequenz des Lesegeräts, Reichweite und Kopplung
- Datenübertragung zwischen Lesegerät und RFID-Transponder
- Eingesetztes Vielfachzugriffsverfahren

3.1.2.1 Energieversorgung

Die RFID-Transponder benötigen die Energie zum Betreiben ihres Mikrochips und zum Senden von Daten an das Lesegerät. Es wird zwischen passiven, semi-aktiven und aktiven RFID-Transpondern unterschieden. Passive RFID-Transponder benutzen ausschließlich Energie des Feldes, das vom Lesegerät erzeugt wird. Semi-aktive RFID-Transponder versorgen ihren Mikrochip mittels interner Batterie und benutzen zum Senden der Daten die Energie des Feldes des Lesegerätes. Aktive RFID-Transponder benutzen für beide Zwecke ihre interne Batterie.[39]

3.1.2.2 Sendefrequenz, Reichweite und Kopplung

Der Betrieb von RFID-Systemen erfolgt auf unterschiedlichsten Frequenzen, von Langwelle 135 kHz bis in den Mikrowellenbereich bei 5,8 GHz. Die physikalische Kopplung des Lesegerätes und des Transponders wird durch elektrische, magnetische oder elektromagnetische Felder ermöglicht. Die praktisch erzielbare Reichweite der Systeme variiert von wenigen mm bis hin zu ca. 15 m und ist von der gewählten Frequenz und der Kopplung abhängig.[40]

Bei sehr kleinen Reichweiten von 0 cm bis 1 cm (Close Coupling) werden sowohl elektrische, als auch magnetische Felder zur Kopplung (kapazitive bzw. induktive Kopplung) verwendet. Aufgrund der geringen Reichweite muss der Transponder in das Lesegerät eingesteckt werden bzw. eine genaue Position definiert werden, um die Datenübertragung zu gewährleisten. Durch die enge Kopplung können dem

---

[39] Vgl. Fleisch/Mattern (2005), S. 73.
[40] Vgl. Finkenzeller (2015), S. 24.

Transponder größere Energiemengen bereitgestellt werden, die proportional zur Frequenz ansteigen.[41]

Bei fast allen RFID-Systemen mit einer Reichweite von bis zu etwa 1 m (Remote Coupling) kommt eine induktive Kopplung zur Anwendung, nur bei einigen wenigen Systemen wird hier auf eine kapazitive Kopplung zurückgegriffen.[42] Bei der induktiven Kopplung erfolgt die Energieübertragung durch ein Magnetfeld, ähnlich wie bei einem Transformator. Von der Spule des Lesegerätes wird ein magnetisches Wechselfeld mit der Sendefrequenz erzeugt. Dieses induziert in der Spule des RFID-Transponders eine Wechselspannung, die im Transponder gleichgerichtet wird und bei passiven Transpondern zur Energieversorgung des Mikrochips dient. Auf dem Schaltkreis des RFID-Transponders befindet sich typischerweise ein Schwingkreis. Die Frequenz dieses Schwingkreises ist grundsätzlich auf die Sendefrequenz des Lesegerätes eingestellt und induziert bei Resonanz eine deutlich verstärkte Spannung, was wiederum eine erhöhte Lesereichweite zur Folge hat. Die im RFID-Transponder induzierte Spannung hängt u.a. von der Sendefrequenz und der Anzahl der Windungen in der Spule des Transponders ab. Daraus folgt, dass bei einer niedrigeren Frequenz mehr Windungen benötigt werden, um bei gleicher Feldstärke die erforderliche Spannung im Transponder gewährleisten zu können.[43]

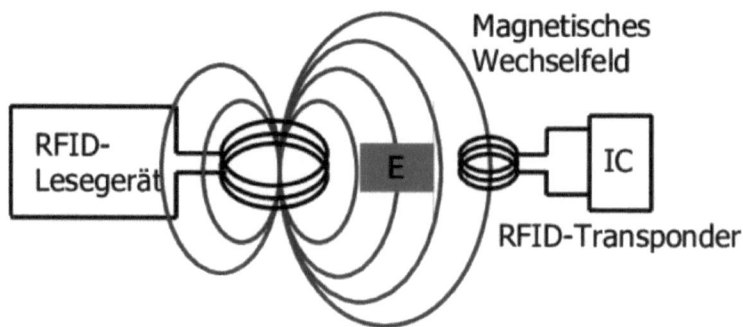

Abb. 6: Energieversorgung durch induktive Kopplung, Quelle: Lampe/Flörkemeier/Haller (2005), Onlinequelle [29.10.2019].

---

[41] Vgl. RFID-Grundlagen.de (2019a), Onlinequelle [29.10.2019].
[42] Vgl. Finkenzeller (2015), S. 24.
[43] Vgl. Fleisch/Mattern (2005), S. 74 f.

Bei Reichweiten deutlich über 1 m (Long Range Coupling) erfolgt die Kopplung mittels elektromagnetischer Wellen im UHF (868 MHz in Europa) – und im Mikrowellenbereich (2,5 GHz und 5,8 GHz).[44] Die von der Antenne des Lesegeräts erzeugte elektromagnetische Welle breitet sich im Raum aus und erzeugt in der Antenne des RFID-Transponders eine Wechselspannung, die dann im Transponder gleichgerichtet wird. Entscheidend für die maximale Reichweite ist die Sendeleistung des Lesegerätes. Da diese jedoch durch Zulassungsvorschriften beschränkt ist und die Energie im Fernfeld umgekehrt proportional zum Quadrat der Entfernung von der Antenne abnimmt, sind der maximalen Reichweite Grenzen gesetzt.[45]

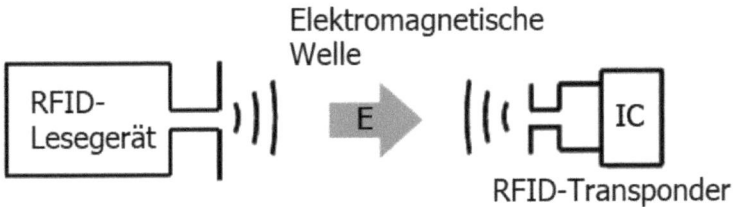

Abb. 7: Energieversorgung durch elektromagnetische Kopplung, Quelle: Lampe/Flörkemeier/Haller (2005), Onlinequelle [29.10.2019].

3.1.2.3 Datenübertragung

Passive und semi-aktive Transponder benötigen das Feld des Lesegerätes zur Datenübertragung. Zum Transfer der Daten kann entweder das Feld des Lesegeräts beeinflusst werden, oder es wird kurzzeitig Energie aus dem Feld des Lesegerätes im Transponder zwischengespeichert. Dabei können die Daten sowohl vom Lesegerät zum Transponder, als auch von diesem zurück an das Lesegerät übertragen werden. In der Praxis kommen hauptsächlich das Vollduplex- und das Halbduplexverfahren zur Anwendung.[46] Beide Verfahren nutzen die Beeinflussung des vom Lesegerät erzeugten Feldes zum Datentransfer.[47]

---

[44] Vgl. Finkenzeller (2015), S. 25.
[45] Vgl. Fleisch/Mattern (2005), S. 75 f.
[46] Vgl. RFID -Grundlagen.de (2019c), Onlinequelle [30.10.2019].
[47] Vgl. Finkenzeller (2015), S. 25 ff.

Beim Vollduplexverfahren (FDX) findet eine gleichzeitige Energieübertragung zwischen Lesegerät und Transponder bzw. umgekehrt statt. Die Datenübertragung hängt vom jeweiligen System ab. In der Regel kommt die Lastmodulation zur Anwendung. Hierbei entzieht der Transponder, sobald er sich in der Reichweites eines entsprechenden Lesegerätes befindet, Energie aus dem Feld des Lesegerätes. Diese Energieentnahme entspricht einer digitalen Information, die durch das Zuschalten eines Widerstandes im Transponder moduliert wird. Diese modulierten Daten werden vom Lesegerät demoduliert, dekodiert und weiterverarbeitet.[48]

Beim Halbduplexverfahren (HDX) findet die Datenübertragung abwechselnd zwischen dem Lesegerät und dem Transponder statt. Auch hier wird sehr häufig auf das System der Lastmodulation zurückgegriffen.[49] Voraussetzung beim Halbduplexverfahren ist das Vorhandensein eines Kondensators beim Transponder, welcher die Versorgungsspannung speichern kann. Sobald der Transponder durch ein entsprechendes Lesegerät aktiviert wird, lädt sich der Kondensator auf. Diese Energie des aufgeladenen Kondensators kann der Mikrochip dann nutzen, um ein eigenes Datensignal zu produzieren und an das Lesegerät zu senden. Am Ende des Datentransfers wird der Kondensator wieder entladen.[50]

Sowohl beim Vollduplex-, als auch beim Halbduplexverfahren findet unabhängig von der Datenübertragungsrichtung eine kontinuierliche Energieübertragung vom Lesegerät zum Transponder statt. Die Unterschiede der zeitlichen Abläufe sind in Abb. 8 grafisch dargestellt. Dabei wird die Datenübertragung vom Lesegerät zum Transponder als "downlink" und jene vom Transponder zum Lesegerät als "uplink" bezeichnet.

---

[48] Vgl. Fleisch/Mattern (2005), S. 75; RFID -Grundlagen.de (2019c), Onlinequelle [30.10.2019].
[49] Vgl. Finkenzeller (2015), S. 45.
[50] Vgl. RFID -Grundlagen.de (2019c), Onlinequelle [31.10.2019].

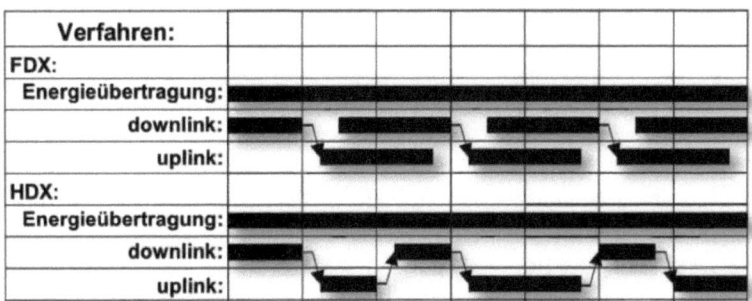

Abb. 8: Darstellung der zeitlichen Abläufe beim Vollduplex (FDX)- und Halbduplexverfahren (HDX), Quelle: Finkenzeller (2015), S. 46 (leicht modifiziert).

Aktive Transponder, die über einen aktiven Sender und häufig auch über einen qualitativ hochwertigen Empfänger verfügen, senden zur Datenübertragung selbst ein hochfrequentes elektromagnetisches Feld aus, statt das Feld eines Lesegerätes zu beeinflussen. Die Transponder beziehen dabei ihre Energie aus einer lokalen Energiequelle (z.B. Batterie) und sind aus rein technischer Sicht keine echten RFID-Transponder, sondern Kurzstreckenfunkgeräte. Bei Short Range Devices sind unter Berücksichtigung ihrer zugelassenen Sendeleistung Reichweiten von bis zu einigen hundert Metern erzielbar.[51]

3.1.2.4 Vielfachzugriffsverfahren

Vielfachzugriffsverfahren kommen immer dann zur Anwendung, wenn mehrere RFID-Transponder eines bestimmten Typs oder derselben Anwendung zeitgleich auf dasselbe Lesegerät zugreifen wollen. Da in solchen Fällen die Transponder im gleichen Frequenzbereich senden, überlagern sich deren Signale und das Lesegerät kann schlussendlich keinen einzigen Transponder identifizieren. Eine solche Kollision kann durch Selektionsverfahren, die eine getrennte Verarbeitung der einzelnen RFID-Transponder ermöglichen, verhindert werden. Ein Datentransfer ohne gegenseitige Störung wird dabei durch die Aufteilung des Raumes, der Zeit, des Frequenzbereiches oder durch eine unterschiedliche Codierung ermöglicht. Bei den RFID-Systemen werden am häufigsten Antikollisionsprotokolle verwendet. Das Antikollisionsprotokoll Aloha beispielsweise beruht auf einer probabilistischen Abfrage der Identifikationsnummer von allen in Reichweite befindlichen RFID-Transpondern. Das heißt, dass nach der Anfrage des Lesegeräts alle im

---

[51] Vgl. Finkenzeller (2015), S. 27.

Ansprechbereich befindlichen RFID-Transponder zu einem willkürlich gewählten Zeitpunkt innerhalb eines definierten Intervalls ihre Identifikationsnummer an das Lesegerät senden. Da dieser Datentransfer im Verhältnis zum Anfrageintervall kurz ist, besteht bei einer begrenzten Anzahl von RFID-Transpondern und nach dem mehrfachen Durchlaufen des Anfragezyklus, eine hohe Wahrscheinlichkeit, dass alle Transponder identifiziert werden konnten.[52]

3.2 NFC-Technologie

Near Field Communication (NFC) ist eine systematische Weiterentwicklung von RFID und wurde 2002 von Sony und NXP Semiconductors entwickelt. Bei klassischen RFID-Systemen gibt es immer eine strikte Trennung in Lesegerät und Transponder. Der Datenaustausch zwischen diesen beiden Komponenten erfolgt nach dem Frage-Antwort-Prinzip und wird immer vom Lesegerät initiiert. Ein NFC-Gerät hingegen integriert beide Funktionen und kann abwechselnd Transponder und Lesegerät sein. Dadurch können NFC-Geräte zum einen kontaktlose Chipkarten mit Energie versorgen sowie über Standard-Protokolle kommunizieren und zum anderen auch eine kontaktlose Chipkarte emulieren. Der Nachrichtenaustausch zwischen zwei NFC-Geräten basiert auf bereits bestehenden RFID-Standards.[53]

Durch diese Technologie der Nahfeldkommunikation wird die Übertragung geringer Datenmengen (im Bereich 424 kBit/s) ermöglicht, ohne dass ein umständliches Einrichten der entsprechenden NFC-Geräte aufeinander erforderlich ist. Für eine optimale Datenübertragung darf die Entfernung zwischen den Geräten nicht mehr als 10 cm betragen. NFC hat im Vergleich zu Bluetooth und WLAN zwar eine geringere Reichweite und kann weniger Daten übertragen, dafür ist jedoch kein Pairing der Geräte notwendig und das Veranlassen der Übertragung über eine Menüfunktion entfällt ebenfalls. Zahlreiche Geräte und Funktionen im Haushalt, wie z.B. die Lichtschaltung, das Garagentor und die Kaffeemaschine, können bereits jetzt mit dem Smartphone gesteuert werden. Durch NFC kann dieser Vorgang weiter vereinfacht werden, indem das Smartphone nur noch an ein Gerät gehalten werden muss, um einen vorprogrammierten Vorgang zu starten. So kann beispielsweise das Wohnzimmer durch eine kleine Handbewegung in ein

---

[52] Vgl. Müller (2018), S. 63 f.
[53] Vgl. Langer/Roland (2010), S. 4 ff.

angenehm temperiertes Heimkino mit romantischem Licht verwandelt werden. Dies und vieles mehr ist aber nur dann möglich, wenn die erforderlichen Geräte NFC-fähig, also untereinander vernetzt und über eine offene Schnittstelle zugänglich sind. Bei vielen neueren Geräten ist bereits ein NFC-Chip ab Werk eingebaut. Bei den meisten smarten Geräten ohne integrierten NFC-Chip besteht trotzdem die Möglichkeit, diese NFC-fähig zu machen. Zu diesem Zweck werden NFC-Sticker verwendet. Diese sind klein, können häufig sogar unsichtbar angebracht werden (z.B. an der Innenseite eines Lichtschalters) und können dann mit anderen NFC-kompatiblen Geräten kommunizieren.[54]

---

[54] Vgl. Wulf (2019), Onlinequelle [01.11.2019].

4 Sensortechnologie

Für das Smart Home sind neben den smarten Geräten selbst auch Sensoren erforderlich, die die jeweiligen Vorgänge überhaupt erst auslösen. Die Sensoren wandeln dazu chemische und physikalische Größen, wie z.B. Geräusche, Bewegungen, Temperatur und Gerüche in elektrische Signale um. Diese werden über die Cloud ans System übertragen, welches dann die entsprechenden Vorgänge (z.B. das Licht dimmen) durch die smarten Geräte auslöst.[55]

Es gibt viele unterschiedliche Sensortypen, die in einem Smart Home zur Anwendung kommen können. In dieser Arbeit werden, im Hinblick auf ein umgebungsunterstütztes Wohnen im Alter, folgende zwei Sensortypen genauer behandelt:

- Präsenzmelder
- Luftfeuchtigkeitssensor

4.1 Präsenzmelder

Wie bereits in Kapitel 2.2 erwähnt, reagieren Präsenzmelder auf die kleinsten Bewegungen und aktivieren bei der Registrierung solcher einen Mechanismus.[56] Für die Bewegungserkennung werden am häufigsten Pyroelektrische Sensoren verwendet. Diese messen die sich bewegende Wärme im Erfassungsbereich und schließen so auf eine Bewegung. Darüber hinaus gibt es auch Verfahren, die elektromagnetische Wellen oder Ultraschall zur Präsenzdetektion nutzen.[57]

4.1.1 Pyroelektrischer Effekt

Pyroelektrische Materialien sind Kristalle, in denen sich bei Abkühlung oder Erwärmung die elektrische Polarisation ändert. Diese Änderung der Polarisation aufgrund einer Temperaturänderung wird als pyroelektrischer Effekt bezeichnet und führt zu Oberflächenladungen. An den gegenüberliegenden Flächen werden ein positiver elektrischer Pol und ein negativer elektrischer Pol erzeugt (Abb. 9). Die daraus resultierende Spannung kann abgegriffen werden. Das Auftreten des pyroelektrischen Effektes wird durch die Abstandsänderung der Gitter-Ionen im

---

[55] Vgl. Conrad Connect (2019), Onlinequelle [01.11.2019].
[56] Vgl. Kapitel 2.2.
[57] Vgl. Wir sind heller (2019), Onlinequelle [01.11.2019].

Kristall (bei Temperaturänderung) ermöglicht. Unter der Voraussetzung, dass die Richtung der elektrischen Polarisation in Richtung der Kristallachse zeigt, führt dies einerseits zu einer Längenänderung in der Achse des pyroelektrischen Kristalls und andererseits zu einer Änderung der elektrischen Polarisation. Da diese beiden Vorgänge in die gleiche Richtung wirken, verstärken sie sich gegenseitig.[58]

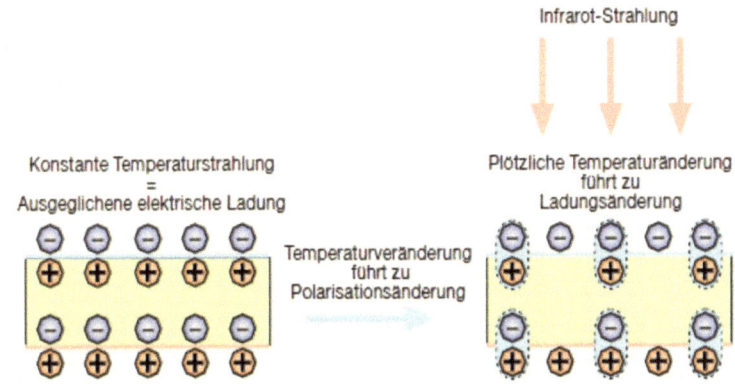

Abb. 9: Prinzip des pyroelektrischen Effektes, Quelle: Schubert (2015), S. 188.

4.1.2 Pyroelektrische Sensoren

Ein pyroelektrischer Sensor besteht aus einem pyroelektrischen Kristall, der senkrecht zur polaren Achse mit Elektroden beschichtet wird. An den Elektroden werden elektrische Anschlüsse angebracht (Abb. 10). Auf der Frontelektrode ist eine absorbierende Schicht aufgebracht. Trifft IR-Strahlung auf diese Schicht, dann erwärmt sich der pyroelektrische Kristall und es entstehen Oberflächenladungen. Ein Abschalten der Strahlung führt zu Ladungen umgekehrter Polarität. Da die entstehenden Oberflächenladungen jedoch sehr gering sind und nach einer gewissen Zeit durch den endlichen Widerstand des Kristalls wieder ausgeglichen werden können, werden sie mittels Operationsverstärker oder Feldeffekttransistoren in eine verstärkte Signalspannung US (t) umgewandelt.[59]

---

[58] Vgl. Hering/Schönfelder (2018), S. 69 f.
[59] Vgl. InfraTec (2019), Onlinequelle [02.11.2019].

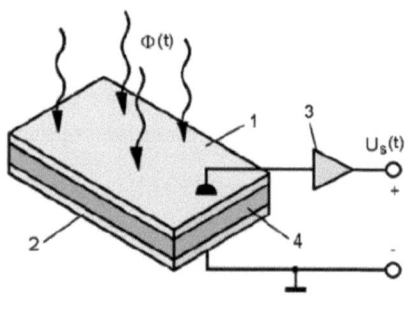 

1. Frontelektrode
2. Rückelektrode
3. Verstärker
4. pyroelek. Kristall

Abb. 10: Grundlegender Aufbau Pyroelektrischer Sensoren, Quelle: Schubert (2015), S. 187.

Pyroelektrische Sensoren finden im Haushalts- und Sicherheitsbereich u.a. auch zur Messung der Wärmebelastung und als Feuermelder Anwendung. Die bei IR-Feuermeldern eingesetzten Pyrosensoren werden als PIR-Sensoren (Passiv-Infrarot-Sensoren) bezeichnet, da sie nur abgestrahlte Wärmeenergie empfangen, aber selbst keine ausstrahlen. Im Bereich Maschinenbau werden sie z.B. bei Robotern eingesetzt, damit diese Menschen erkennen können.[60]

4.2 Luftfeuchtigkeitssensor

Das Empfinden der Menschen in Bezug auf Behaglichkeit ist von der relativen Luftfeuchte, der Lufttemperatur und der Luftströmung abhängig. Klimaanlagen werden unter Angabe der relativen Luftfeuchte eingestellt und meist durch den Taupunkt geregelt. Der Taupunkt und die absolute Feuchte sind jene physikalischen Größen, die bei der Messung des Feuchtegehaltes in der Umgebungsluft von Bedeutung sind. Ein optimaler Feuchtegehalt in der Wohnumgebung ist insofern wichtig, da zu trockene Luft u.a. eine Reizung der Atemwege und vermehrte Staubbildung zur Folge haben kann.

---

[60] Vgl. Hering/Schönfelder (2018), S. 72 f.

Zu hohe Umgebungsfeuchte kann u.a. zum Wachstum von Schimmelpilzen, Bakterien und Krankheitserregern sowie zum Ausfall von elektronischen Geräten und zu Erkrankungen der Atemwege führen. Für die Steuerung von Klimaanlagen kommen hauptsächlich kapazitive Polymerfühler zum Einsatz.[61]

4.2.1 Wichtige physikalische Größen

In der praktischen Feuchtemesstechnik wird u.a. zwischen der absoluten Feuchte F_{abs}, der Sättigungsfeuchte $F_{sät}$ und der relativen Feuchte F_{rel} unterschieden. Die physikalischen Zusammenhänge dieser Messgrößen werden nachfolgend erläutert:[62]

$$F_{abs} = \frac{Masse\ des\ Wassers}{Luftvolumen}$$

(1) F_{abs} / gm⁻³   absolute Feuchte

$$F_{sät}(T) = \frac{maximale\ Masse\ des\ Wassers}{Luftvolumen}$$

(2) $F_{sät}$ / gm⁻³   Sättigungsfeuchte

Die Sättigungsfeuchte $F_{sät}$ gibt die maximal mögliche Wassermenge an, welche in einem bestimmten Luftvolumen enthalten sein kann. Sie ist von der Temperatur abhängig und steigt mit dieser stark an.

$$F_{rel}(T) = \frac{F_{abs}}{F_{sät}(T)} \cdot 100\%$$

(3) $F_{rel}(T)$ / %   relative Feuchte

In der Praxis ist die Angabe der relativen Feuchte F_{rel} sehr verbreitet, da viele durch die Luftfeuchtigkeit ausgelösten Reaktionen in erster Linie mit ihr verknüpft sind (körperliche Befinden, Schimmel etc.).

Eine weitere wichtige Größe der Feuchtemesstechnik ist der Taupunkt. Ein Gas kann bei einer bestimmten Temperatur nur eine begrenzte Wassermenge aufnehmen. Wird ein feuchtes Gas abgekühlt und der Sättigungswert

---

[61] Vgl. Hering/Schönfelder (2018), S. 495.
[62] Vgl. Bernstein (2014), S. 316.

überschritten, dann fällt der Wasserdampf als Kondensat aus. Sobald es zur Kondensation kommt, bildet sich Tau und der Taupunkt (bzw. die Taupunkttemperatur) ist erreicht.[63]

4.2.2 Kapazitive Feuchtigkeitsmessung

Kondensatoren können elektrische Ladungen bzw. elektrische Energie speichern. In der einfachsten Form bestehen sie aus zwei gegenüberliegenden Metallplatten und einem dazwischen befindlichen Dielektrikum, welches als Isolator zu verstehen ist. Wird an einem Kondensator eine Spannung angelegt, dann entsteht zwischen den beiden metallischen Platten ein elektrisches Feld. Dabei nimmt eine Platte positive und die andere Platte negative Ladungsträger auf. Das Verhältnis der auf diesen Platten gespeicherten Ladungsmenge Q und der zwischen ihnen angelegten Spannung U wird als elektrische Kapazität C bezeichnet. Die Kapazität eines Kondensators wird durch seine baulichen Größen bestimmt und ist von der Plattenfläche A, dem Plattenabstand d und der Wahl des Isolierwerkstoffes abhängig.[64]

$$C = \frac{Q}{U} = \frac{\varepsilon_0 \cdot \varepsilon_r \cdot A}{d} \quad (4)$$

C / F Kapazität
Q / C elektrische Ladung
U / V elektrische Spannung
ε_0 / Fm^{-1} elektrische Feldkonstante
ε_r / 1 relative Dielektrizitätszahl (materialabhängig)
A / m² Plattenfläche
d / m Plattenabstand

Die materialabhängige Dielektrizitätszahl ε_r ist ein Maß dafür, wie ein Isolierwerkstoff die Kapazität eines Kondensators beeinflusst und gibt an, um welchen Faktor sich die Kapazität vergrößert, wenn statt einem Vakuum ein anderes Dielektrikum verwendet wird.[65] Kapazitive Feuchtesensoren arbeiten nach dem Prinzip eines Plattenkondensators mit einem Polymer als Dielektrikum.

---

[63] Vgl. Bernstein (2014), S. 317 f.
[64] Vgl. Elektronik-Kompendium (2019), Onlinequelle [03.11.2019].
[65] Vgl. Elektronik-Kompendium (2019), Onlinequelle [04.11.2019].

Dieses Polymer ist sehr feuchtempfindlich und ändert abhängig von der aufgenommenen Feuchtigkeit die Dielektrizitätszahl ε_r, was eine Kapazitätsänderung des Kondensators zur Folge hat. Durch eine geeignete Messschaltung wird diese Kapazitätsänderung ermittelt und damit die relative Feuchte F_{rel} berechnet.[66]

4.2.3 Aufbau eines kapazitiven Feuchtesensors

Die obere Kondensatorplatte eines kapazitiven Feuchtesensors ist porös, damit von außen Feuchte in das Polymermaterial diffundieren kann. Gleichzeitig schützt diese poröse Elektrode die Polymerschicht vor Verunreinigungen. Die Feuchteabsorption und Desorption des hygroskopischen Polymermaterials bewirkt eine reproduzierbare Kapazitätsänderung. Die untere Elektrode des Plattenkondensators besteht aus einem leitfähigen Substrat. In der Praxis haben sich verschiedene Materialkombinationen bewährt, wie z.B. ein Aluminiumträger, auf dem eine Aluminiumoxidschicht (Al_2O_3) mit einer Goldelektrode aufgebracht ist. Da kapazitive Feuchtesensoren einer Alterung unterworfen sind und sich ihre Eigenschaften mit der Zeit ändern können, müssen sie regelmäßig überprüft und nachjustiert bzw. ausgetauscht werden.[67]

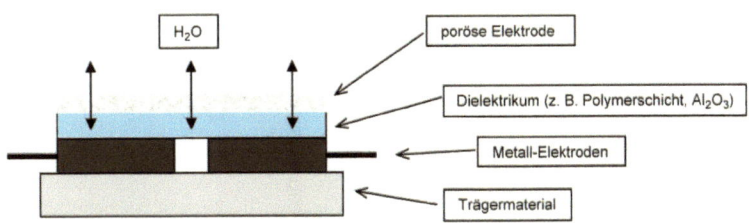

Abb. 11: Prinzipieller Aufbau eines kapazitiven Feuchtesensors, Quelle: Hering/Schönfelder (2018), S. 482.

---

[66] Vgl. Hering/Schönfelder (2018), S. 482.
[67] Vgl. Rauch (2015), Onlinequelle [05.11.2019]; Hering/Schönfelder (2018), S. 482 f.

4.2.4 Feuchteabhängige Steuerung

Sind Feuchte und Temperatur bekannt, dann lassen sich auch die relative Luftfeuchte F_{rel} und die Taupunkttemperatur $T_d = f(F_{rel})$ berechnen. Ab der Taupunkttemperatur kann es zu Kondenswasserbildung und damit verbunden zu möglichen gesundheitsgefährdenden Zuständen (z.B. Schimmelbefall) in der Wohnumgebung kommen. Um solche und weitere unerwünschte Szenarien zu verhindern, löst eine feuchteabhängige Steuerung einen Schaltvorgang aus, sobald die vom Feuchtesensor gemessene relative Luftfeuchte F_{rel} einen vorgegebenen Wert überschreitet oder unterschreitet. Die Schalthysterese ist einstellbar.[68]

Das individuelle Temperaturempfinden hängt von der Temperatur und der Feuchte ab. Bei höherer Feuchte wird die Umgebung wärmer empfunden als bei niedrigerer. In den menschlichen Aufenthaltsbereichen zukünftiger Smart Homes sollen daher sowohl die Temperatur, als auch die Feuchte individuell über I-Pads oder Tablets eingestellt und optimiert werden können.[69]

---

[68] Vgl. Bernstein (2014), S. 333; Rauch (2015), Onlinequelle [05.11.2019].
[69] Vgl. Amsys (2019), Onlinequelle [05.11.2019].

5 Sprachverarbeitung

Die Stimme entwickelt sich zur bevorzugten Art, um mit smarten Geräten zu interagieren. Immer mehr Menschen können sich für sprachgesteuerte Systeme und Komponenten begeistern, die sie im Alltag unterstützen und für Unterhaltung sorgen. Digitale Sprachassistenten (siehe Kapitel 2.3) analysieren die gesprochenen Worte, ordnen sie in den richtigen Kontext ein und reagieren darauf. Meist sind sie in Smartphones oder Smart Speaker integriert, über welche sie verbal Fragen beantworten und vernetzte smarte Geräte ansteuern. Kurz gesagt: Sprachverarbeitungstechnologien revolutionieren die Art und Weise, wie wir mit Maschinen interagieren.[70]

5.1 Was in einem Sprachsignal steckt

Das Sprachsignal ist der wichtigste Gegenstand der Sprachverarbeitung und wird durch die Aussage der Person geprägt. Die während dem Sprechen produzierten Schallwellen werden über einen elektroakustischen Wandler (Mikrophon) in ein elektrisches Signal umgewandelt. Somit kann das Sprechen im Sinne eines Prozesses aufgefasst werden, wobei die Aussage die Eingabe dieses Sprechprozesses ist und das Sprachsignal die Ausgabe. Jedoch wird der Sprechprozess nicht ausschließlich von der Aussage gesteuert, sondern auch von vielen Eigenheiten der sprechenden Person beeinflusst. Dazu zählen vor allem der Dialekt, Sprechgewohnheiten und die Klangfarbe der Stimme. Aber auch der emotionale Zustand und eventuell sogar die Gesundheit der sprechenden Person können auf den Sprechprozess einwirken. Bei der Signalübertragung nehmen darüber hinaus auch Störgeräusche aus der Umgebung und die Raumakustik, in Bezug auf die Übertragung der Schallwellen, einen Einfluss auf das schlussendlich vorhandene Sprachsignal, ebenso wie die Charakteristik des elektroakustischen Wandlers und die Signalcodierung und -kompression. Die in Abb. 12 in blauer Schrift angeführten Einflussgrößen sind sprecherspezifisch und beziehen sich auf Eigenheiten der sprechenden Person, jene in grün wirken auf die Signalübertragung ein.[71]

---

[70] Vgl. Kapitel 2.3.
[71] Vgl. Pfister/Kaufmann (2017), S. 25.

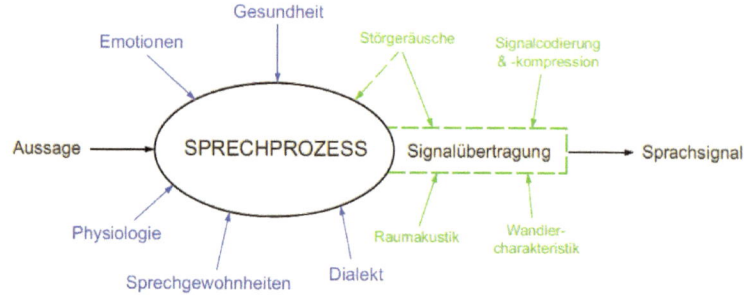

Abb. 12: Die relevanten Einflussgrößen auf das schlussendlich vorhandene Sprachsignal, Quelle: Pfister/Kaufmann (2017), S. 25.

5.2 Technologien der Sprachverarbeitung

Die automatische Spracherkennung und die Sprachsynthese sind jene beiden Technologien, welche als Analogie zur menschlichen Sprachwahrnehmung und Sprachproduktion betrachtet werden können. Die konkrete Umsetzung des Sprachwissens im Sprachgebrauch ist bei diesen beiden Technologien mittlerweile auf einem hohen Niveau angelangt, sodass ihre kommerzielle Nutzung im menschlichen Alltag in den letzten Jahren stark zugenommen hat. In praktischen Anwendungen sind Spracherkennung und Sprachsynthese meist keine eigenständigen Systeme, sondern in ein Dialogsystem eingebunden.[72]

5.2.1 Spracherkennung

Unter Spracherkennung wird das Umsetzen eines Sprachsignals in eine textliche Form verstanden. Wie bereits in Kapitel 5.1 beschrieben, wirken auf das Sprachsignal eine Vielzahl von Einflüssen.[73] Da die Spracherkennung jedoch nur am Inhalt der Aussage interessiert ist, sind all diese Einflüsse Störgrößen und bewirken, dass es bei inhaltlich gleichen Aussagen zu stark unterschiedlichen Sprachsignalen kommen kann.[74] Aufgrund dieser Problematik werden reine Spracherkennungssysteme nur für spezielle Anwendungsfälle, wie z.B. für einzeln gesprochene Wörter, ein kleines Vokabular oder eine sprecherabhängige Spracherkennung, entwickelt. Solche Speziallösungen benötigen zwar weniger

---

[72] Vgl. Carstensen u.a. (2010), S. 214.
[73] Vgl. Kapitel 5.1.
[74] Vgl. Pfister/Kaufmann (2017), S. 328.

Rechenleistung und Speicheraufwand und sind somit wirtschaftlicher als beispielsweise ein Dialogsystem, die spezialisierte Spracherkennung muss jedoch exakt auf das zu lösende Spracherkennungsproblem abgestimmt sein. Hierfür können unterschiedliche Ansätze gewählt werden. In der Praxis kommen vorwiegend Techniken der strukturellen und statistischen Mustererkennung zum Einsatz.[75]

Bei der strukturellen Mustererkennung findet ein Abgleich zwischen einem unbekannten sprachlichen Muster (der zu erkennenden Äußerung) und einer Reihe von gespeicherten Referenzmustern, welche zuvor in Lern- oder Trainingsphasen erzeugt wurden, statt.[76] Jenes Wort (bzw. Referenzmuster), das am ähnlichsten ist, gilt als erkannt. Der Mustervergleich eignet sich nur zum Erkennen von einzeln gesprochenen Wörtern oder kurzen Ausdrücken.[77]

Für die Spracherkennung werden heute vorwiegend statistische Verfahren eingesetzt, welche die wahrscheinlichste Wortfolge ermitteln.[78] Eine Statistik gibt hier an, mit welcher Wahrscheinlichkeit welche Wörter vorkommen oder einander folgen können. Damit wird der Fehleranfälligkeit bei der Erkennung von Lauten oder kurzen Wörtern entgegengewirkt und die Erkennungsleistung erhöht.[79]

5.2.2 Sprachsynthese

Verfahren der Sprachsynthese setzen Sprache aus Lautelementen zusammen (Abb. 13). Die auf diese Art und Weise erzeugten Wörter und Sätze sind nicht von einem menschlichen Sprecher gesprochen worden, sondern nur die einzelnen Laute. Die Laute lassen sich zwar auch künstlich erzeugen, aufgrund der besseren Sprachqualität und des geringen Aufwands kommen jedoch in den meisten Fällen natürliche Laute zum Einsatz. Mittels Sprachsynthese kann ein weitgehend unbegrenztes Wortvokabular erzeugt werden.[80]

---

[75] Vgl. Pfister/Kaufmann (2017), S. 28.
[76] Vgl. Carstensen u.a. (2010), S. 216.
[77] Vgl. Pfister/Kaufmann (2017), S. 28.
[78] Vgl. Carstensen u.a. (2010), S. 664 f.
[79] Vgl. Pfister/Kaufmann (2017), S. 28.
[80] Vgl. Fellbaum (2012), S. 343.

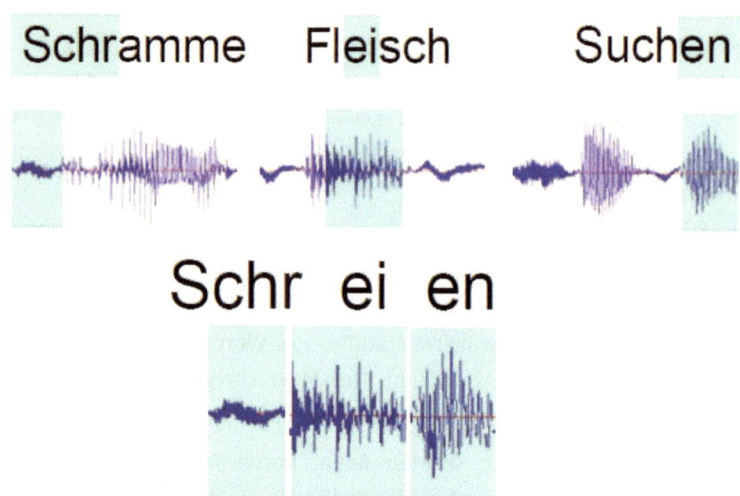

Abb. 13: Neu-Zusammensetzung von Lautelementen bei der Sprachsynthese, Quelle: Fellbaum (2012), S. 348.

Bei der künstlichen Zusammensetzung der Laute zu neuen Wörtern und Sätzen müssen in vielen Fällen noch Betonungsinformationen hinzugefügt werden. Je nach Art der Eingabe wird hier zwischen zwei Arten von Systemen unterschieden:[81]

- **TTS-Synthese** (engl. *text-to-speech synthesis*): Bei der textgesteuerten Synthese wird von Textinformationen beliebigen Inhaltes ausgegangen, die in gesprochene Sprache umgesetzt werden sollen. Neben der eigentlichen Sprachsignalproduktion müssen hier weitere Parameter, wie beispielsweise die Aussprache der Wörter oder die Akzentstärke der Silben, anhand einer linguistischen Analyse des Eingabetextes bestimmt werden.

---

[81] Vgl. Pfister/Kaufmann (2017), S. 27; Fellbaum (2012), S. 348.

- **CTS-Synthese** (engl. *concept-to-speech synthesis*): Die inhaltsgesteuerte Synthese kommt in Systemen zum Einsatz, welche die auszugebenden Meldungen selbstständig generieren. Bevor die eigentliche Sprachsynthese beginnen kann, müssen dem Synthesesystem hierarchisch strukturierte Eingabedaten, z.B. in Form eines Syntaxbaumes, übergeben werden. Diese können dann vom Synthesesystem, welches über das dafür nötige linguistische Wissen verfügt, in eine natürlichsprachliche Form umgesetzt werden.

Neben den Sprachsyntheseverfahren kann die Sprachausgabe auch durch Sprachwiedergabeverfahren erfolgen. Sprachwiedergabeverfahren geben Sprachsignale aus, die aus vorher gesprochenen und abgespeicherten Äußerungen bestehen. Während bei der Sprachsynthese grundsätzlich jeder Text in ein Sprachsignal umgesetzt werden kann, ist bei der Sprachwiedergabe jedoch der Vorrat an möglichen akustischen Meldungen auf die zuvor aufgenommenen Sprachsignale begrenzt.[82]

5.2.3 Dialogsystem

Natürlichsprachliche Dialogsysteme ermöglichen die sprachliche Interaktion mit verschiedenen Computersystemen in Echtzeit. Die Eingabe, welche mittels Tastatur oder gesprochener Sprache geschieht, reicht von einfachen Kommandowörtern bis hin zur freien Rede. Die Ausgaben des Systems erfolgen entweder analog als Text auf dem Bildschirm oder als synthetische Sprache.[83]

Der Aufbau eines typischen Dialogsystems als Blockdiagramm ist in Abb. 14 dargestellt. In diesem Beispiel erfolgt sowohl die Eingabe, als auch die Ausgabe mittels Sprache. Bei der eingegebenen sprachlichen Äußerung (akustisches Signal) werden zuerst Merkmale extrahiert, welche die Abschnitte des Sprachsignals in einen systematischen Zusammenhang mit sprachwissenschaftlichen Einheiten (Lauten, Silben, Wörtern) bringen. Bei der darauffolgenden Worterkennung geht es darum, hypothetische Abfolgen von Wörtern zu bilden, die dem System auf Basis eines Lexikons bekannt sind. Diese werden dann einer syntaktischen Analyse unterzogen, um die Sequenzen auf grammatikalisch wohlgeformte Wortfolgen reduzieren zu können.

---

[82] Vgl. Pfister/Kaufmann (2017), S. 27; Fellbaum (2012), S. 343.
[83] Vgl. Carstensen u.a. (2010), S. 624.

Durch semantische und pragmatische Analysen im Anschluss kommt es zu einer weiteren Eliminierung von sprachwissenschaftlich nicht sinnvollen und dem Kontext nicht angemessenen Wortfolgen.[84]

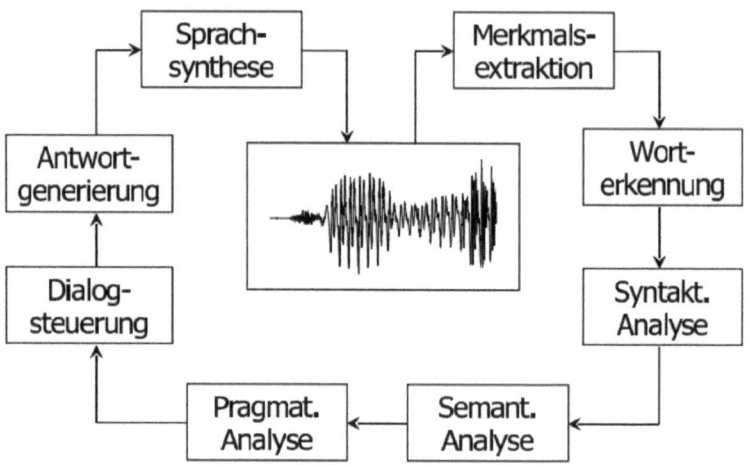

Abb. 14: Blockdiagramm eines Dialogsystems nach Kompe, Quelle: Carstensen u.a. (2010), S. 214.

Ziel der semantischen Analyse ist die Bestimmung der Satzbedeutung. Dies erfordert in vielen Fällen eine satzübergreifende Analyse auf pragmatischer Ebene, welche das Gesprochene in Bezug zur sprechenden Person und in einen größeren Zusammenhang stellt. Der Satz „Du musst dieses Buch lesen!" beispielsweise kann entweder eine Empfehlung oder ein Befehl sein, abhängig davon zwischen wem die Kommunikation stattfindet (zwischen Kollegen oder zwischen Lehrer und Schüler). Zudem erzielt die Sprache je nach Wortwahl und Formulierung ebenfalls unterschiedliche Wirkungen.[85]

---

[84] Vgl. Carstensen u.a. (2010), S. 215.
[85] Vgl. Pfister/Kaufmann (2017), S. 9 f und S. 216.

Um Schlussfolgerungen über die Bedeutung und Intention einer sprachlichen Äußerung ziehen zu können, analysiert das Dialogsystem im nächsten Schritt die Intonation und Lautstärke der Aussage. Anhand der gesammelten Informationen generiert es schlussendlich seine eigene Sprachausgabe, welche mittels Sprachsynthese in Form einer neuen lautsprachlichen Äußerung ausgegeben wird.[86]

---

[86] Vgl. Carstensen u.a. (2010), S. 215.

6 Warum der Marktdurchbruch bisher ausgeblieben ist

Laut dem Bundesverband Digitale Wirtschaft (BVDW) wird seit über dreißig Jahren von einem bevorstehenden Durchbruch des Smart Home gesprochen. Im Gegensatz zu den vielen verheißungsvollen Prognosen aus der Vergangenheit, hat sich die vollständige Gebäudeautomation im deutschsprachigen Raum bis heute nicht wirklich durchsetzen können. Und das, obwohl die Relevanz des Themas hoch ist, denn ein Smart Home kann in Bezug auf Nutzerkomfort, Sicherheit und Assistenz für hilfsbedürftige Menschen einige Potenziale aufweisen. Der Großteil der Bevölkerung scheint diese vielversprechenden Möglichkeiten trotzdem seit Jahren nicht annehmen bzw. akzeptieren zu wollen. In den folgenden Unterkapiteln werden die wesentlichen Gründe dafür erläutert.[87]

6.1 Anschaffungskosten

Entscheidend mitverantwortlich für den bis dato ausgebliebenen Marktdurchbruch von Smart Home Anwendungen sind die hohen[88] Anschaffungskosten, welche darüber hinaus in vielen Fällen unklar sind. Die existierenden Preismodelle für die unterschiedlichen Ausgabenblöcke (Hardware, Installation und Betrieb) sind häufig nicht transparent genug. Daher investieren hauptsächlich Menschen mit höherem Einkommen in die smarten Systeme, obwohl auch bei den Geringverdienern ein grundsätzliches Interesse an der Thematik besteht.[89] Eine kalkulierbare Preisgestaltung ist daher unbedingt nötig, um mehr Konsumenten als bisher überzeugen zu können. Intelligente Paketangebote, Konfigurationen, All-Inclusive-Services und Finanzierungs- und Leasing-Angebote für aufwendige Smart Home Systeme könnten die Kaufentscheidungen in Zukunft positiv beeinflussen.[90]

6.2 Datenschutz

Erst wenn möglichst viele personenbezogene Daten („Big Data") erhoben und verwendet werden, können die Algorithmen der smarten Geräte selbst lernen und ihr volles Potenzial entfalten. Einige dieser Daten gewähren einen Einblick in das

---

[87] Vgl. Wisser (2018), S. 2.
[88] Vgl. Deloitte (2018), S. 15.
[89] Vgl. Wisser (2018), S. 162.
[90] Vgl. Deloitte (2013), S. 13.

Privatleben der Nutzer. Dies führt nach wie vor dazu, dass potentielle Kunden aus Gründen des Datenschutzes zögern, sich vernetzte Geräte anzuschaffen. Die persönlichen Daten sind tatsächlich jedoch alles andere als ungeschützt. Die seit Mai 2018 gültige EU-Datenschutzgrundverordnung (EU-DSGVO) hat auch für das Smart Home volle Gültigkeit und sieht empfindliche Bußgelder für Unternehmen vor, die gegen diese strengen Schutzbestimmungen von personenbezogenen Daten verstoßen. Der BVDW empfiehlt den Anbietern von Smart Home Anwendungen eine prominente Bewerbung des gegebenen hohen Datenschutzstandards zur Bewusstseinsschärfung bei den Verbrauchern und eine umfassende und verständliche Aufklärung dieser. Darüber hinaus arbeitet der BVDW bereits an einem einheitlichen und unabhängig geprüften Datenschutzsiegel, welches über den Datenschutzstandard des Gerätes oder Services informieren soll, um Transparenz und Vertrauen zu fördern.[91]

6.3 Fehlende Akzeptanz bei der älteren Generation

Das grundsätzliche Interesse für Smart Home Anwendungen beschränkt sich nicht nur auf reiche, technikaffine und umweltbewusste Menschen. Die Technologie spricht eher die breite Masse an, nicht nur kleine Zielgruppen. Lediglich ein hohes Alter wirkt sich negativ auf die Akzeptanz aus, was natürlich einen Marktdurchbruch für AAL-Anwendungen ungemein erschwert. Für die im Mai 2018 veröffentlichte Studie von Deloitte (Smart Home Consumer Survey 2018) wurden im Februar 2018 mehr als 2.000 Konsumenten zwischen 19 und 75 Jahren im Rahmen einer repräsentativen Online-Erhebung zu ihrer Einstellung hinsichtlich Smart Home Angeboten befragt.[92] Wird der Anteil jener, die laut Umfrage grundsätzlich nicht für smarte Zusatzdienste zahlen würden, in Alterssegmente untergliedert, so zeigt sich ganz klar: je älter, desto weniger zahlungsbereit (Abb. 15).[93]

Diese fehlende Akzeptanz ist u.a. auf die Unsicherheit bei der Informationsbeschaffung zurückzuführen. Das schnelle Entwicklungstempo der Technik in den vergangenen Jahren und die häufig verwendeten englischen

---

[91] Vgl. Bundesverband Digitale Wirtschaft (2018), S. 6 f.
[92] Vgl. Deloitte (2018), S. 4.
[93] Vgl. Wisser (2018), S. 163; Deloitte (2018), S. 19.

Begriffe stellen vor allem ältere Menschen vor große Herausforderungen.[94] Durch eine direkte und möglichst leicht verständliche Aufklärung der älteren Generation könnte es den Anbietern gelingen, die Akzeptanz zu steigern.[95]

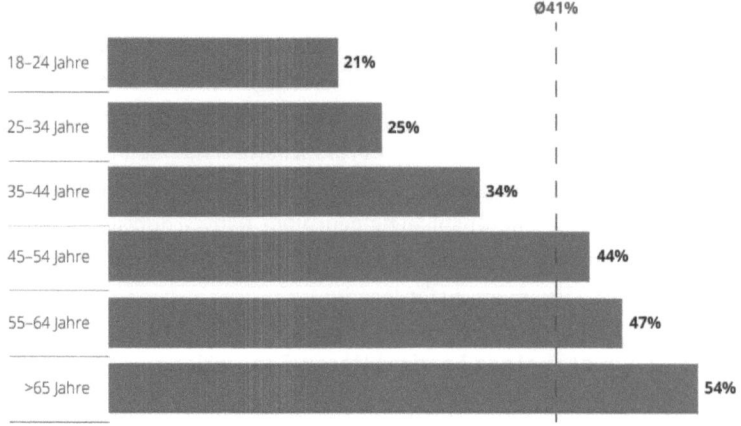

Abb. 15: Anteil jener, die grundsätzlich nicht für smarte Zusatzdienste zahlen würden (untergliedert in Alterssegmente), Quelle: Deloitte (2018), S. 19.

---

[94] Vgl. Schelisch (2016), S. 66.
[95] Vgl. Wisser (2018), S. 163.

7 Ausblick

AAL ist ein unverzichtbares Thema für die Zukunft, da die Zahl der Pflegebedürftigen steigt und Pflegedienstleister schon jetzt überlastet sind (siehe Kapitel 1.1).

Es gibt zwar bereits bemerkenswerte Systeme für ein umgebungsunterstütztes Wohnen im Alter (siehe Kapitel 2), doch die Akzeptanz in der Zielgruppe kann mit der Innovationskraft der Hersteller nicht mithalten. Dies hat, neben den in Kapitel 6 beschriebenen Gründen, auch damit zu tun, dass sich die Akzeptanz einer technischen Lösung normalerweise nicht sofort, also nicht „von heute auf morgen", einstellt, sondern bei eingespielten Routinen für gewöhnlich eher langsam. Voraussetzung dafür ist jedoch, dass der Anwender einen persönlichen und aktuellen Nutzen in der Funktion erkennt und er diese als sinnvoll erachtet. Eine Türkamera beispielsweise kann vielen Menschen einen Mehrwert (erhöhtes Sicherheitsgefühl) bieten und hat sich deswegen am Markt durchgesetzt. Fehlt dieser individuelle Nutzen, wird die jeweilige Funktion vom Anwender nicht dauerhaft in den Alltag integriert.[96]

7.1 Potentiale

Die in den letzten beiden Jahrzehnten entwickelten Technologien, welche das IoT ermöglichen (vor allem die Identifikations-, die Sensor- und die Sprachverarbeitungstechnologie), haben dazu geführt, dass die Anwendungsmöglichkeiten smarter Geräte nahezu grenzenlos[97] sind. Forscher und Entwickler haben die technologischen Potentiale bereits erkannt und technisch umgesetzt. Dass das Marktpotential sehr groß ist, ist aufgrund der Relevanz rund um das Thema AAL ebenfalls unbestritten. Ein höherer Markterfolg wird jedoch nur dann erzielt werden können, wenn es den Anbietern gelingt, mit ihren Hightech-Lösungen auch das Vertrauen der älteren Generation zu gewinnen. Zwar kann davon ausgegangen werden, dass sich die Akzeptanz von AAL-Anwendungen in den nächsten Jahrzehnten automatisch erhöhen wird und viele derzeit begeisterte jüngere Smart Home User diese auch im höheren Alter verwenden werden, eine bessere Aufklärung und Unterstützung der älteren Menschen im Umgang mit den

---

[96] Vgl. Schelisch (2016), S. 243 f.
[97] Vgl. Ohana (2018), Onlinequelle [17.11.2019].

neuen und hochmodernen Anwendungsmöglichkeiten könnte das zu erwartende Marktwachstum schon jetzt deutlich beschleunigen.

Bislang lag der Haupteffekt von Smart Home eher in der Erhöhung der Lebensqualität (u.a. durch die Steigerung des Komforts und des Sicherheitsgefühls) als in der Verlängerung der Wohndauer im Eigenheim. Grundsätzlich kann jedoch davon ausgegangen werden, dass die smarten Assistenzfunktionen – bei Nutzung (Akzeptanz) – das Potential haben, ein selbstbestimmtes Wohnen, auch bei stärkeren Einschränkungen, bis ins hohe Alter zu ermöglichen und einen Fortzug aus den eigenen vier Wänden zu verschieben.[98]

7.2 Mögliche zukünftige Entwicklungen

Um das beachtliche Marktpotential von Smart Home für ein umgebungsunterstütztes Wohnen im Alter in Zukunft besser ausschöpfen zu können, wird es von Seiten der Anbieter nötig sein, Systeme zu entwickeln, die einen klaren Fokus auf Handhabbarkeit und Arbeitserleichterung beinhalten. Darüber hinaus müssen sich die Anbieter bemühen, stärkere Impulse für eine flächendeckende Verbreitung zu setzen. Wie das gelingen könnte, hat bereits die dänische Stadt Odense, ein europäischer Hotspot für E-Health, vorgezeigt. Hier ist es möglich, die smarten Assistenzsysteme vorab auszuleihen und zu testen. Somit können die potentiellen Käufer zunächst ausprobieren, was wirklich einen Nutzen bringt und was nicht, bevor sie die Investition tätigen. Diese Strategie hat sich positiv auf die Verbreitung von AAL- Anwendungen in der Region ausgewirkt.[99]

Im Hinblick auf zukunftssichere Lösungen und einen höheren wirtschaftlichen Erfolg wird es ebenfalls wichtig sein, solche Systeme zu entwickeln, die modular und erweiterbar sind, mit anderen Systemen möglichst nahtlos zusammenarbeiten können und untereinander auswechselbar sind. Gerade die letzten beiden Aspekte erfordern eine Vereinheitlichung und Einigung auf technische Standards zwischen den Herstellern. Durch die Vereinheitlichung soll auch erreicht werden, dass die innovativen AAL- Anwendungen in Zukunft einfacher und kostengünstiger in bereits bestehende Infrastrukturen integriert werden können.[100]

---

[98] Vgl. Schelisch (2016), S. 251.
[99] Vgl. Initiative Neue Qualität der Arbeit (2018), S. 36.
[100] Vgl. Bertel u.a. (2018), S. 63 f.

Damit die AAL-Systeme vermehrt den Einzug in die Haushalte schaffen, braucht es auch die entsprechenden politischen Rahmenbedingungen. Laut Prof. Dr. Johanna Wanka, der ehemaligen deutschen Bundesministerin für Bildung und Forschung, müssen neben dem weiteren Vorantreiben der Forschung in diesem Bereich vor allem die Ängste und Vorbehalte der Anwender ernst genommen werden sowie rechtliche und ethische Leitplanken definiert werden. Ihrer Meinung nach ist es wichtig, dass der Mensch weiterhin die Kontrolle über die Roboter behält und die Anschaffungskosten im Rahmen bleiben. Das Europäische Parlament hat im Februar 2017 Empfehlungen an die Kommission für zivilrechtliche Regelungen im Bereich Robotik formuliert. Diese beinhalten u.a. ethische Grundsätze für die Entwicklung und den Gebrauch von smarter Robotik und Vorschläge für die zahlreichen noch offenen Haftungsfragen. Langfristig soll dabei auch über die Einführung eines eigenen rechtlichen Status für intelligente Roboter („e-Personen") nachgedacht werden, was jedoch von Zivilrechtsexperten in Frage gestellt wird. Auf alle Fälle müssen Politiker und Juristen zeitnah einen Rechtsrahmen definieren, der unsere digitale Zukunft beherrschbar und lebenswert erhält.[101]

---

[101] Vgl. T-Systems (2018), Onlinequelle [18.11.2019].

8 Fazit

Der demografische Wandel und der Wunsch der älteren Menschen, solange wie möglich unabhängig in ihren Eigenheimen leben zu können, haben zu intensiver Forschungs- und Entwicklungsarbeit rund um das Thema Ambient Assisted Living geführt. Mittlerweile sind die Anwendungsmöglichkeiten smarter Geräte, dank der technologischen Voraussetzungen, nahezu grenzenlos. Altersgerechte Assistenzfunktionen im Smart Home haben das Potential, pflegebedürftigen Menschen ein selbstbestimmtes Wohnen bis ins hohe Alter zu ermöglichen. Bislang ist jedoch eine flächendeckende Nutzung ausgeblieben. Wesentliche Gründe dafür sind die hohen und intransparenten Anschaffungskosten, Bedenken hinsichtlich des Datenschutzes und die fehlende Akzeptanz in der Zielgruppe. Ob und wie schnell diese Hindernisse überwunden werden können, hängt in erster Linie von den Anbietern und den politischen Rahmenbedingungen ab. Die Anbieter werden ihren Fokus auf die Entwicklung von modularen und erweiterbaren Systemen legen müssen, die untereinander auswechselbar sind und in bereits bestehende Infrastruktur integriert werden können. Damit dies gelingen kann, braucht es eine Vereinheitlichung und Einigung zwischen den Herstellern in Bezug auf die technischen Standards. Politiker und Juristen müssen möglichst rasch einen Rechtsrahmen definieren, in dem neben Regelungen für die Entwicklung und den Gebrauch von smarten Geräten auch ethische Grundsätze fest verankert sind.

Literaturverzeichnis

Gedruckte Werke

Andelfinger, Volker P.; Hänisch, Till (Hrsg.) (2015): Internet der Dinge – Technik, Trends und Geschäftsmodelle, Springer Gabler Verlag, Wiesbaden

Bendel, Oliver (Hrsg.) (2018): Pflegeroboter, Springer Gabler Verlag, Wiesbaden

Bernstein, Herbert (2014): Messelektronik und Sensoren - Grundlagen der Messtechnik, Sensoren, analoge und digitale Signalverarbeitung, Springer Vieweg Verlag, Wiesbaden

Carstensen, Kai-Uwe; Ebert, Christian; Ebert, Cornelia; Jekat, Susanne J.; Klabunde, Ralf; Langer, Hagen (Hrsg.) (2010): Computerlinguistik und Sprachtechnologie – Eine Einführung, 3. Auflage, Spektrum Akademischer Verlag, Heidelberg

Eiffe, Franz Ferdinand; Till, Matthias; Datler, Georg; Heuberger, Richard; Glaser, Thomas; Kafka, Elisabeth; Lamei, Nadja; Skina, Magdalena; Till-Tentschert, Ursula (2012): Soziale Lage älterer Menschen in Österreich, in: Sozialpolitische Studienreihe vom Bundesministerium für Arbeit, Soziales und Konsumentenschutz, Band 11/2012, S. 79

Fellbaum, Klaus (2012): Sprachverarbeitung und Sprachübertragung, 2. Auflage, Springer-Verlag, Berlin und Heidelberg

Finkenzeller, Klaus (2015): RFID Handbuch – Grundlagen und praktische Anwendungen von Transpondern, kontaktlosen Chipkarten und NFC, 7. Auflage, Carl Hanser Verlag, München

Fleisch, Elgar; Mattern, Friedemann (Hrsg.) (2005): Das Internet der Dinge – Ubiquitous Computing und RFID in der Praxis, Springer-Verlag, Berlin und Heidelberg

Hering, Ekbert; Schönfelder, Gert (Hrsg.) (2018): Sensoren in Wissenschaft und Technik – Funktionsweise und Einsatzgebiete, 2. Auflage, Springer Vieweg Verlag, Wiesbaden

Kehl, Christoph (April 2018): Robotik und assistive Neurotechnologien in der Pflege – gesellschaftliche Herausforderungen, in: TAB – Büro für Technikfolgen-Abschätzung beim deutschen Bundestag, Arbeitsbericht Nr. 177, S. 59 – 60

Langer, Josef; Roland, Michael (2010): Anwendungen und Technik von Near Field Communication (NFC), Springer-Verlag, Berlin und Heidelberg

Müller, Jürgen (2018): Auto-ID-Verfahren im Kontext allgegenwärtiger Datenverarbeitung -Datenschutzrechtliche Betrachtung des Einsatzes von RFID-Systemen, Springer Vieweg Verlag, Wiesbaden

Pfister, Beat; Kaufmann, Tobias (2017): Sprachverarbeitung – Grundlagen und Methoden der Sprachsynthese und Spracherkennung, 2. Auflage, Springer Vieweg Verlag, Wiesbaden

Schelisch, Lynn (2016): Technisch unterstütztes Wohnen im Stadtquartier - Potentiale, Akzeptanz und Nutzung eines Assistenzsystems für ältere Menschen, Springer VS Verlag, Wiesbaden

Wisser, Karolin (2018): Gebäudeautomation in Wohngebäuden (Smart Home) – Eine Analyse der

Akzeptanz, Springer Vieweg Verlag, Wiesbaden

Online-Quellen

Albrecht Elektrotechnik und -Anlagen GmbH (Hrsg.) (30.09.2019): *Bewegungsmelder & Präsenzmelder* https://www.albrecht-elektro.de/elektro/sicherheitstechnik/praesenzmelder-bewegungsmelder.html [Stand 05.10.2019]

Amsys (Hrsg.) (2019): *HTU21D Feuchtigkeits-/Temperatursensor – Aufbau und Anwendungen* https://www.amsys.de/downloads/notes/HTU21D-Aufbau-Anwendungen-eines-Feuchtigkeits-und-Temperatursensors-AMSYS-004d.pdf [Stand 05.11.2019]

Bertel, Diotima; Leitner, Peter; Geser, Guntram; Hornung-Prähauser, Veronika; Psihoda, Sophie; Zgud, Justyna (2018): *AAL Vision 2025 – für Österreich unter Einbeziehung relevanter Stakeholder und internationaler Trends* https://www.ffg.at/sites/default/files/allgemeine_downloads/thematische%20programme/IKT/AAL%20Vision%202025.pdf [Stand 20.11.2019]

Literaturverzeichnis

Bundesministerium für Arbeit, Soziales, Gesundheit und Konsumentenschutz (Hrsg.) (2019):

Ambient Assisted Living – wie Hightech im Alltag hilft
https://www.gesundheit.gv.at/leben/altern/wohnen-im-alter/ambient-assisted-living.html [Stand 24.10.2019]

Bundesverband Digitale Wirtschaft (Hrsg.) (11.06.2018): *Wie smart ist das Recht im Smart Home?*
https://www.bvdw.org/fileadmin/bvdw/upload/publikationen/RZ_BVDW_LF_Recht_im_SmartHome_web_20180611.pdf [Stand 14.11.2019]

Bundesverband Digitale Wirtschaf (Hrsg.) (April 2019): Sprachassistenten im Smart Home, Berlin
https://www.bvdw.org/fileadmin/bvdw/upload/publikationen/smart_home/Sprachassistenten_im_SmartHome.pdf [Stand 06.10.2019]

Conrad Connect (Hrsg.) (27.06.2019): *Mit Sensoren das Smart Home automatisieren: So geht's* https://conradconnect.com/de/blog/mit-sensoren-das-smart-home-automatisieren-so-gehts.html [Stand 01.11.2019]

Deloitte (Hrsg.) (November 2013): *Licht ins Dunkel – Erfolgsfaktoren für das Smart Home* https://docplayer.org/2125672-Studienreihe-intelligente-netze-licht-ins-dunkel-erfolgsfaktoren-fuer-das-smart-home.html [Stand 14.11.2019]

Deloitte (Hrsg.) (Mai 2018): *Smart Home Consumer Survey 2018 – Ausgewählte Ergebnisse für den deutschen Markt*
https://www2.deloitte.com/content/dam/Deloitte/de/Documents/technology-media-telecommunications/Deloitte_TMT_Smart_Home_Studie_18.pdf [Stand 15.11.2019]

Elektronik-Kompendium (Hrsg.) (03.10.2019): *Kondensatoren*
https://www.elektronik-kompendium.de/sites/bau/0205141.html [Stand 03.11.2019]

Literaturverzeichnis

Evans, Dave (April 2011): *Das Internet der Dinge - So verändert die nächste Dimension des Internet die Welt,* in Cisco Internet Business Solutions Group (Hrsg.): Whitepaper
https://www.cisco.com/c/dam/global/de_de/assets/executives/pdf/Internet_of_Things_IoT_IBSG_0411FINAL.pdf [Stand 24.10.2019]

F&P PersonalRobotics (Hrsg.) (2017): *Lio – Der persönliche Assistenzroboter*
https://www.fp-robotics.com/wp-content/uploads/2019/03/Web_Lio.pdf [Stand 24.09.2019]

G-Pulse (Hrsg.) (2019): *Sicher und selbstständig Wohnen – auch im Alter*
https://g-pulse.de/altersgerechtes-wohnen-im-smart-home.html [Stand 30.09.2019]

Gesundheitsportal (Hrsg.) (20.11.2017): *Altersgerechtes Wohnen*
https://www.gesundheit.gv.at/leben/altern/wohnen-im-alter/altersgerecht-wohnen.html [Stand 21.09.2019]

InfraTec (Hrsg.) (2019): *Grundlagen Pyroelektrischer Detektoren*
https://www.infratec.de/sensorik/service-support/faq/.html [Stand 02.11.2019]

Initiative Neue Qualität der Arbeit (Hrsg.) (März 2018): *Digitalisierung in der Pflege – Wie intelligente Technologien die Arbeit professionell Pflegender verändern*
https://www.inqa.de/SharedDocs/PDFs/DE/Publikationen/pflege-4.0.pdf?__blob=publicationFile&v=2.pdf [Stand 19.11.2019]

Institut der deutschen Wirtschaft Köln (Hrsg.) (2019): *Essroboter iEAT*
https://www.rehadat-hilfsmittel.de/de/produkte/haushalt-ernaehrung/?infobox=/infobox1.html&serviceCounter=1&wsdb=TEC&connectdb=hilfsmittel_detail&referenznr=M/26652&from=1&anzahl=4&detailCounter=3&suche=index.html?iso_nr=15+09+27.html [Stand 25.09.2019]

Jehle, Christoph (28.12.2014): *Die Pflegerobbe Paro – ein unmoralisches Angebot?* https://www.heise.de/tp/features/Die-Pflegerobbe-Paro-ein-unmoralisches-Angebot-3368674.html [Stand 24.09.2019]

Lampe, Matthias; Flörkemeier, Christian; Haller, Stephan (Jänner 2005): *Einführung in die RFID-Technologie* https://www.researchgate.net/publication/225983865_Einfuhrung_in_die_RFID-Technologie.html [Stand 29.10.2019]

Möller, Claudia (17.07.2019): *Projekt Assistenzroboter in der Pflege* https://www.update-healthcare.de/news/assistenzroboter-in-der-pflege/.html [Stand 24.09.2019]

Neumann, Detlev (26.01.2016): *Internet der Dinge: Eine kurze Definition mit 4 Beispielen* https://digitaler-mittelstand.de/trends/ratgeber/internet-der-dinge-eine-kurze-definition-mit-4-beispielen-20287.html [Stand 24.10.2019]

Ohana, Vincent (2018): *Warten auf die Smart-Home-Revolution* https://www.zukunftsinstitut.de/artikel/warten-auf-die-smart-home-revolution/.html [Stand 17.11.2019]

ORF.at (Hrsg.) (14.03.2019): *Bald fehlen über 20.000 Pflegekräfte* https://orf.at/stories/3116295/.html [Stand 21.09.2019]

Pressberger, Thomas (22.03.2019): *Politik vergisst auf die Wohnsituation älterer Menschen* https://kurier.at/politik/inland/politik-vergisst-auf-die-wohnsituation-aelterer-menschen/400443340.html [Stand 21.09.2019]

Rauch, Norbert (20.09.2015): *Anwendungen für miniaturisierte Feuchtigkeits-Temperatur-Sensoren* https://www.all-electronics.de/anwendungen-fuer-miniaturisierte-feuchtigkeits-temperatur-sensoren/.html [Stand 05.11.2019]

ReWalk Robotics (Hrsg.) (2019): *ReWalk Personal 6.0* https://rewalk.com/de/rewalk-personal-3/.html [Stand 25.09.2019]

RFID -Grundlagen.de (Hrsg.) (2019a): *RFID Reichweite* https://www.rfid-grundlagen.de/reichweite.html [Stand 27.10.2019]

RFID -Grundlagen.de (Hrsg.) (2019b): *RFID Transponder* https://www.rfid-grundlagen.de/transponder.html [Stand 27.10.2019]

RFID -Grundlagen.de (Hrsg.) (2019c): *RFID Datenübertragung* https://www.rfid-grundlagen.de/datenuebertragung.html [Stand 30.10.2019]

Schubert, Franz (2015): *Sensortechnik, Vorlesungsskriptum an der HAW Hamburg*, https://docplayer.org/37775446-Sensortechnik-f-schubert-sensortechnik-1-prof-dr-franz-schubert-prof-dr-franz-schubert-f-out-10-k-5-v-driver.html [Stand 02.11.2019]

Stagl, Patrick (2019): *Präsenzmelder vs. Bewegungsmelder* https://www.schrack.at/know-how/gebaeude/praesenzmelder/.html [Stand 30.09.2019]

T-Systems (Hrsg.) (05.04.2018): *Pflege 4.0: Zwischen Entlastung und Entmündigung* https://www.t-systems.com/at/de/newsroom/blickwinkel/collaboration/arbeitsplatz-der-zukunft/ethik-in-der-pflege-784566.html [Stand 18.11.2019]

Versicherungen.at (Hrsg.) (05.03.2018): *Pflegeregress abgeschafft, Problem bleibt ungelöst* https://www.versicherungen.at/news/pflegeregress-abgeschafft-problem-bleibt-ungeloest/.html [Stand 21.09.2019]

Wendel, Mariella (28.01.2017): *Siri Spracherkennungssoftware: Smart Home à la Apple* https://www.homeandsmart.de/siri-homekit-spracherkennung-software-assistant.html [Stand 09.10.2019]

Wendel, Mariella (17.04.2019): *Die 5 beliebtesten Sprachassistenten im Überblick* https://www.homeandsmart.de/smart-home-sprachassistenten.html [Stand 06.10.2019]

Wir sind heller (Hrsg.) (2019): *Sensoren und deren Anwendung in der Lichtsteuerung* https://www.wirsindheller.de/sensoren-praesenzmelder-bewegungsmelder-lichtsensoren.4857.html [Stand 01.11.2019]

Wulf, David (24.01.2018): *Amazon Alexa: App, Skills, Sprachbefehle, Lautsprecher und Tests* https://www.homeandsmart.de/amazon-alexa-sprachassistentin.html [Stand 06.10.2019]

Wulf, David (12.07.2019): *Near Field Communication (NFC): Was ist das und wozu ist es gut?* https://www.homeandsmart.de/nfc-funkstandard-sicherheit-technik.html [Stand 01.11.2019]